U0616793

# 现代设计色彩及应用

主编 ◎ 卜林生 陈 黎 周海海

西南交通大学出版社
·成 都·

图书在版编目（CIP）数据

现代设计色彩及应用 / 卜林生，陈黎，周海海主编
. 一成都：西南交通大学出版社，2023.2
ISBN 978-7-5643-9169-0

Ⅰ. ①现… Ⅱ. ①卜… ②陈… ③周… Ⅲ.①色彩学
Ⅳ. ①J063

中国国家版本馆 CIP 数据核字（2023）第 016891 号

Xiandai Sheji Secai ji Yingyong
**现代设计色彩及应用**

主编　卜林生　陈　黎　周海海

责任编辑　郭发仔
封面设计　墨创文化

出版发行　西南交通大学出版社
　　　　　（四川省成都市金牛区二环路北一段 111 号
　　　　　　西南交通大学创新大厦 21 楼）
邮政编码　610031
发行部电话　028-87600564　　　028-87600533
网址　　　http://www.xnjdcbs.com
印刷　　　成都勤德印务有限公司

成品尺寸　185 mm × 260 mm
印张　　　11.25
字数　　　240 千
版次　　　2023 年 2 月第 1 版
印次　　　2023 年 2 月第 1 次
书号　　　ISBN 978-7-5643-9169-0
定价　　　55.00 元

课件咨询电话：028-81435775
图书如有印装质量问题　本社负责退换
版权所有　盗版必究　举报电话：028-87600562

# 前 言

构成，具有组合、组装或建造、构造的意思，是一种创造形态的行为。色彩构成作为三大构成之一，属于设计领域内的色彩运用方法。它的基本概念是：将两个以上的颜色，根据设计的不同需要，按一定色彩配合的原则，重新组合、搭配，构成新的色彩关系。

色彩构成作为艺术专业的设计基础课，是衔接绘画基础课程与专业设计课程的桥梁，有着承上启下的重要作用，也是色彩理论迈向专业设计的第一步。色彩构成课程侧重研究色彩本身的色相、明度、纯度之间对比与调和规律，以及色彩的情感和象征性等方面的问题。它强调其自身的创造意识，也充分发挥色彩概括、夸张的功能，是一种能够适应各类设计需要的新的色彩体系。色彩构成是一门科学性、逻辑性很强的课程，只有循序渐进，才能逐步深化对色彩本质的认识，才能学好这门课程。

本书的基本内容如下：第一，着重论述色彩的由来，即光与色彩，光与视觉、物体色，光与色混合的相互关系以及相关的物理原理，介绍色彩的体系以及色彩的特点、用途等。第二，讨论色彩的视觉效应，视知觉的多种表现（视觉引起的生理、心理的变化）。第三，介绍色彩的对比与调和，变调、组调及各种调和推移。第四，探讨色彩的心理效应、人的心理与色彩的内在联系以及外在表现。第五，介绍色彩表现技法和表现方法。第六，探讨色彩在现代设计中的应用。第七，讨论色彩的数字化设计和数字色彩的应用。本书穿插了两百多幅图，便于读者理解、借鉴和学习。

本教材在总结过去"色彩构成"课程教学经验的基础上，新增了色彩的设计技能、色彩在现代设计中的运用、色彩的数字化设计等内容，力求理论联系实际，通过丰富灵活的实例和训练来提高学生的色彩应用能力，使学生对色彩的认识提高到 个现代设计的高度，这对于后续各专业课程的学习具有十分重要的意义。

　　本书有以下特点：

　　（1）在阐述清楚色彩构成基础理论和方法的基础上，精选内容、合理安排、优化结构。

　　（2）文字精练，图文并茂，针对性强。

　　（3）本书具有工科特色，更适合工科院校的学生使用。

　　本书由南京航空航天大学卜林生（第8、9章），陈黎、周海海（1~5章），倪勇（第6、7章），易志东（第10、11章）编写。

　　本书适用于艺术设计专业的学生，特别是适合作为工科院校学生的教材，亦可作为艺术设计自学者、爱好者的参考用书。

　　由于编者水平有限，书中难免有缺点或疏漏，敬请读者批评指正。

编　者

2022 年 9 月

# CONTENTS 目 录

## 02　第二部分　设计技能模块

PART
ONE

# 第一部分　基础理论模块

# 第1章　设计色彩概述

## 1.1　设计基础课程概况

### 1.1.1　从传统工艺美术教育到"构成"

全世界艺术设计院校都非常重视的设计基础课程，起源于德国的包豪斯设计学院（Bauhaus）（见图1.1、图1.2）。它1919年成立于德国，是世界现代设计教育的发源地。包豪斯创立了三个著名的"构成"课程——平面构成、色彩构成、立体构成，成为设计教育发展史上的一个重要转折点。

图1.1　包豪斯部分师生　　　　　图1.2　位于德绍的包豪斯校舍

这所由德国著名建筑家、设计理论家沃尔特·格罗佩斯创建的学院，经过创办以来10多年的努力，集中了20世纪初欧洲各国对于设计的新探索与试验成果，包括荷兰"风格派"运动、苏联构成主义运动的成果等，并加以发展和完善，把欧洲的现代主义设计运动推到一个空前的高度，对现代设计教育产生了巨大的影响。

包豪斯学院最引人注目的成就之一就是它的设计基础课程，这使设计理论第一次建立在科学的基础之上，打破了以往艺术家只注重个人感觉、情感而没有科学依据的局面。这些强调科学性的思想和实践在包豪斯建立之前是没有的。在基础课程中，教师们引导学生进行点、线、面的分解，分析物体的存在因素，从平面和立体等不同角度进行探索，寻找视觉中的变化与规律。对于传统的绘画，也尝试用构成的语言进行拆分、分析，找出视觉上的规律，特别是韵律和结构，再将这些加以整合，形成独特的设计作品。包豪斯的基础课程还训练学生对自然的敏感性，培养敏锐的观察力，从而对自然界产生新的认识。他们对物质的色彩、材料、肌理进行深入研究，认为对于不同的材料如石头、皮革、玻璃等应采用不同的表现方式。包豪斯引入康定斯基、克利、蒙克等教员，开创了色彩教学的新内容体系。康定斯基将三原色（红、黄、蓝）带入绘画教学体系，从完全抽象的色彩与形态的理论研究开始，逐步把这些抽象内容与具体设计联系起来，注重以科学为研究前提，同时强调人的精神因素，对于点、线、形态都赋予其心理内容与象征意义，同时强调各种形态之间的关联和融合关系。

包豪斯的基础教学课程形成了一个适合培养设计人才的完整体系，要求掌握基本的科学原理，强调技术与理论合一，而不是单纯地追求作业效果，使设计师的能力从注重个人情感的艺术表现转到理性的设计媒介表现上来。

与欧洲早在 20 世纪初就在积极探索设计基础教育相比，我国的艺术设计教育在 20 世纪 80 年代前一直延续工艺美术的教学模式。1956 年中央工艺美术学院成立，但中国的设计教育还是以传统手工艺为重要内容，在课程设置上没有摆脱传统的美术教育的影响，从中央到地方的工艺美术学校大多以传统手工艺为中心内容。大多数艺术院校的课程体系是原有的绘画美术、中国传统工艺美术和国外艺术设计基础教学体制的混合。这种状况严重阻碍了中国艺术设计的发展。

为了适应改革开放以来的经济建设，国内高校逐渐出现了装潢艺术设计、环境艺术设计、工业设计等专业。但是因为我国没有经历过工业革命，缺乏自身的现代设计教育体系，因此在设计教育领域开始大量吸收国外的教学内容和经验。从 1978 年起，国内从事艺术设计教育的学者将欧美、日本等国家和地区的设计教育体系引进来，展开构成的实验教学，开创了中国现代设计教育的新局面。从此，人们将平面构成、立体构成、色彩构成统称为"三大构成"，这套课程成为从抽象形态入手培养设计创造思维的有效手段。从"三大构成"开始，中国现代设计教育逐渐摆脱了以传统手工艺为主要内容的工艺美术教育的影响，逐渐发展壮大起来。

### 1.1.2　构成的概念

"三大构成"的教学方法在设计基础教学发展中起了非常重要的作用，我们在这里详细解读一下在设计中"构成"的真正含义。

"构成"有组合或建造的含义，是造型要素及其组合，即由许多小单元（要素）结合数学逻辑构成新的整体，而其中的要素是从大自然中提炼、抽象出来的，如物质可分解为分子、原子、质子、电子、核子等。再比如，许多细胞组成器官，各个器官组成人体，再由不同的人组成不同的社会形态。由基本单元构成组合，但组合中有变化，就会构成各不相同的崭新的整体。

这种研究问题的方法来源于近现代科学观，简而言之就是"分解—组合"，即任何物体都可以被还原到一个基本的程度，人们又可以重新把这些已还原的基本要素构成满足特定需求的新的对象。这种方法也同样适合于研究形态的创造，将之用于设计基础阶段的训练，就是构成的学习方法。这有助于培养理性与感性相融合的设计思维方式，并在提高学生的观察力、分析力、构思能力等方面有更高的效率。

## 1.2　设计色彩的学习内容与目标、方法

### 1.2.1　学习内容

经过设计教育多年的探索与发展，如今现代艺术设计中关于色彩的学习与训练，就是以"构成"的方式为基础来进行的，即以人对色彩的知觉和心理规律为依据，运用科学分析的方法，把复杂的色彩现象还原为基本的色彩要素，再以基本要素及其组合的效果来研究色彩在质、量与空间上的变化规律及其结果。以此为基础进行色彩设计，就是按照以上得出的结论（色彩规律），去组合各构成要素，从而创造出新的、理想的色彩效果。

本书将以色彩构成的理论内容为基础，在色彩混合、色彩对比、色彩调和、色彩心理等方面展开专项讨论与训练，在色彩设计部分就设计领域常见的应用进行初步分析，探讨色彩在现代设计中的应用方法。

### 1.2.2　学习目标

（1）提高对色彩的理性认知。

传统的美术教育主要从绘画中培养对色彩的敏锐感觉，从感性的、体验的角度对色彩进行选择与调整。而设计色彩面向的是理性的目标，不是以自我表达为指向的。因此，对设计师的要求也是要能够理性、客观地解决感性的色彩问题。设计师需要对色彩有科学、理性的认识，将理性的分析与感性体验结合起来，如此才能在有限制的框架下解决好色彩的美学问题。

（2）培养设计中色彩的运用水平和创造性思维能力。

色彩在设计中是一个非常重要的因素，在商品、空间、媒体界面中首先对用户产生影响的就是色彩，因此在色彩上的构思能力是本课程训练的重点。通过理论知识的学习，完成各环节的作业并总结，学生就可以为后续设计课程的学习打下坚实的基础。

### 1.2.3　学习方法

（1）分析原理，掌握理论。

无论哪一个设计领域，要提高色彩运用能力，理论知识点的学习和掌握都是不能忽视的。首先要认真阅读和钻研教材，对每个知识要点要结合图例、设计案例真正读懂、消化吸收。要防止重视应用而忽视理论学习的错误观念，只有熟练掌握色彩知识，在实践中才能准确地认识调色、配色等问题，懂得该如何进行色彩的构思、创意。

（2）从案例中借鉴。

案例是理解知识要点的很好途径，教材中的案例要结合理论要点仔细体会。平时阅

读设计案例时也可以分析色彩运用方面的问题。对于成功的配色，要对照色彩三要素、色彩对比规律、色彩调和规律、色彩心理规律等知识要点进行鉴赏、分析，总结其成功的要领在哪里。对于失败的配色，也同样要对照色彩理论要点，找出失败的原因。学习色彩构成后，要能够对色彩现象用理性的语言给予充分的解释、说明，如此就能够从别人的案例中吸取有益的经验，有助于提高自己的构思和创意水平。

（3）从练习中体会、总结。

在课程中会设置一定量的单项练习和综合设计练习。单项练习要求针对具体的知识点，以图案和色彩表现为要求，从具体的视觉形象体会色彩要素及要素的组合效果。综合设计练习要求设计者能够运用已学过的知识，用形象对两个或两个以上的知识点进行综合表现，是对设计者综合应用能力的考核。要想做好综合设计，要多观察、勤思考，丰富设计阅历，还要勤练笔、多实践，提高表达能力。在学习教材案例的同时，可以有意识地借鉴其中的一些设计方法和表现技巧，在教师的指导下反复进行设计—改进—再设计的实际操作训练，如此才能逐渐提高自己的设计色彩应用能力。

## 1.3　现代色彩研究的历史

当今的色彩理论是 17 世纪以来的色彩科学与色彩艺术共同发展的结果，现在人们对色彩的认识涉及物理学、化学、生理学、心理学等几个方面的科学知识。以下从自然科学领域和艺术领域两个方面对现代色彩研究的发展进行阐述，以便更好地理解后续章节所要详细讲述的色彩理论知识。

### 1.3.1　色彩科学的发展

#### 1.3.1.1　牛顿的光学研究

在颜色问题上，自古以来一直有个难解的谜。太阳光在肉眼看来是没有颜色的，但是雨后的天空会突然出现七色彩虹，于是人们进行种种猜测，有的说这是一条长龙弯身下海吸水；有的说这是一座彩桥，仙人踏空而过；有的说这是吉祥的征兆，上天呈祥。总之，没有人能够将彩虹产生的原理解释清楚。中国古代已注意到彩虹与阳光和水珠有关系，在甲骨文里，"虹"是"日"加"水"两个字组成的。唐代张志和的《玄员子》中记载："昔日喷乎，水成虹霓之状。"意思是端一碗水背向太阳一喷，眼前也能现出一条多彩小练。但这喷出的霓，若伸手去抓却是一把湿气，想多看一会儿又转瞬即逝，既不能抓在手里玩，又不能将它剖开研究，终究还是弄不清这颜色是怎么来的。至于平时自然界中红色的花、绿色的叶、五颜六色的杂物，人们就更不知道这不同的色彩是怎么形成的。

在欧洲，数学家笛卡尔是这样解释的：颜色是许多小粒子在转，转速不同，颜色也就不同。化学家波义耳说：光是有许多极小粒子向我们的眼睛视网膜上撞，撞的速度不同，呈现的颜色也就不同。为了解开这个谜，古今中外有不少人都在这个问题上努力过，而运气最好的要数牛顿。

　　牛顿（Isaac Newton，1642—1727）（见图 1.3），出生于英国，是世界近代科学技术史上伟大的物理学家、天文学家和数学家。他发现了万有引力定律，创立了天文学、提出了二项式定理和无限理论，创立了数学；认识了力的本性，创立了力学。他还创立了科学的光学，在光学研究中取得了丰硕的成果。

　　在牛顿之前，捷克有一位医生名叫马尔西（1595—1667）曾经做过这样的实验：让一束白光通过三棱镜，结果白光被散射成红、橙、黄、绿、蓝、靛、紫七种颜色。但是，如果在其中任何一种颜色（如红色）的光线前面再放一个三棱镜，那么透过它的光依然是这种颜色（红色）。牛顿继续深入研究了这个实验（见图 1.4）。

图 1.3　牛顿（1642—1727）

图 1.4　牛顿的三棱镜试验

　　1661 年，牛顿就读于剑桥大学的三一学院（Trinity College），修习数学和物理。大学时代初期，牛顿并没有什么特殊表现，后来在巴洛（Isaac Barrow，1630—1677）教授的指导下才迅速展露非凡的天分。1665 年，牛顿获得学士学位，但几个月后，伦敦淋巴腺鼠疫流行，大学关闭停课。牛顿便回到家乡乌尔索普，他利用这段被强迫"放假"的两年时间，认真思考自然界的规律问题。假日中的一天，牛顿在自己房中推演引力的公式。日已当午，门缝里照进一缕细细的阳光，在幽暗的房间里显得格外明亮，这引起了他的注意。他突然想："从来没有见过这样细的光丝，不知可否将它再分成几缕？"于是便伸手从抽屉里摸出一块三棱镜，迎上去截住那丝细光，然后又回过头去看这光落在墙上的影子，墙上竟出现一段红、橙、黄、绿、青、蓝、紫的彩色光带。他将镜子转转，光带不变，再前后移动，终于选出一个最佳点，一道彩虹便清楚地出现在他的眼前。从这天起，牛顿一有空，就把自己关在房子里，还把门窗都用床单遮严，放一道光进来，做着这种玩三棱镜的游戏。他已经领悟到一个秘密：我们平时看到的白光，其实不是一色白，它是由许多光混合而成的。但是，那各个单色又是什么呢？它们之间靠什么区别成不同颜色呢？按道理，应将那单色光再分一次，但这还得要一块三棱镜，还得有暗室设备，当时他这个穷学生是办不到的。

牛顿的恩师巴洛与牛顿是忘年之交。一日，巴洛去找牛顿，牛顿将自己的实验发现和正在思考的问题告知了老师，巴洛大为惊喜。第二天，他给牛顿又弄来一块三棱镜，布置一个真正的暗室。他们先让一束光穿过一个黑色木板上的小孔，用三棱镜将它分成七条不同的彩色光，再用一个有孔的木板挡住分解后的光，让每条单色光逐一从孔里通过，木板后再放一个三棱镜。这时，新的发现出现在粉墙上：一是这单色光通过三棱镜时不会再分解，二是各色光束经过三棱镜时折射的角度不同。凭着数学天才和实践才能，牛顿很快就计算出红、绿、蓝三色光的折射指数。这一实验后不久，1669 年年底，牛顿便接替巴洛老师，开始在剑桥大学向学生们开设光学课。1672 年 2 月 6 日，牛顿向英国皇家学会写了一封详细的信——《光和颜色的新理论》，归纳了十三个命题。他指出：我们平常看见的白光不过是发光体发出的各种颜色光的混合。白光可以分解成从红到紫的七色光谱。一切自然物体之所以显示出不同的颜色，是因为它们对光的反射性能不同。对哪一种光反射得更多些，就是哪种颜色。按这个理论，彩虹的问题解决了，即它不过是白光被空中的水滴（相当于三棱镜）分成七色而已。牛顿因此创立了光谱理论。

### 1.3.1.2　歌德的色彩研究

　　在牛顿之后一个多世纪，德国剧作家兼诗人歌德（Johann Wolfgang von Goethe, 1749—1832）（见图 1.5）又将色彩理论向前推进了一大步。歌德因为他的诗、戏剧、小说而闻名世界，但其实他是一个多方面的天才，在自然科学领域，主要是对比较解剖学、植物学和地质学这几方面有浓厚的兴趣，并作出了一定的贡献。

　　1790 年年初，歌德向一位友人借了一块三棱镜，想自己重新研究他心中一直存有疑惑的色彩问题。他打开盒子取出棱镜，透过它朝向一堵白墙投射。他开始认为，按照牛顿的理论，这时应当能看到白光分解为彩虹的现象。但结果出乎他的意料，因为出现在他眼前的仍是一片雪白。然后，他把

图 1.5　歌德（1749—1832）

棱镜朝向窗口，以为直接观察阳光也许会看到分解出来的七色，但这次结果仍然不是他想象的那样。可是，一个意外的结果出现了，那一根根挡住日光的窗棂两侧竟出现了色彩，一侧是蓝和紫，另一侧则是红和黄。歌德认定自己有了新的发现，并且推断：通过棱镜所显现的颜色，不是像牛顿所说那样来自白光的分解，而是来自在黑白分界处光与暗的遭遇。

　　其实这种现象叫作"边界色"，是完全可以用牛顿的理论解释清楚的。因为在扩展光源照射来的一片白光里，中间各部分所分解开来的各种光谱色互相叠合而重新组成白光，只有在两侧边界上的部分光谱色未受补偿而显现出来。这也就是我们平常使用有（色差）缺陷的光学系统（如望远镜）观察物体时所见到的颜色"镶边"现象。

　　歌德于 1791 到 1792 年发表了两篇"光学论文"，公开对牛顿的理论提出挑战。1810 年，歌德开始出版他多年潜心研究的成果——专著《颜色论》，系统地阐述他的学说，同

时向不同的学术观点开战。歌德执着地把颜色同光学研究隔绝开来，对于颜色现象，他所依靠的只是对自然界整体的直觉，唯恐冰冷的实验仪器和死板的数学玷污了自己对自然界的美妙体验。他曾经说过："为了了解颜色现象，只需要无偏见的观察和健全的头脑。"

应该承认，在歌德的这部著作里，除了与物理学有关的内容存在错误之外，在其他方面的理论总结确实很有价值。这是因为，颜色感觉其实不单是物理现象，也与生理机制、心理机制和美学规律有关。他将全部色彩分为冷色与暖色两大类，研究了色彩的同时对比现象以及色彩对人们情感的影响。在他的《色彩学》里有这样一节记载："有一天，我走进一个小旅馆的房间里，一个美艳的少女向我走来。她的脸色洁白而有光泽，头发乌黑，身上穿一件绯红色的紧身衣裙。当她在距我稍远的地段站定时，我在微暗的黄昏光线下对她注视了一会。她离开时，我在对面的白色墙上，看到一个被发亮的光晕包围着的黑色脸庞。那件裹着极其苗条体型的衣裙，竟是美丽的海水绿色。"这段话其实提出了视觉生理上的补色问题。当我们看到的实物突然从红的波段过渡到白的混合波段时，视神经系统不能一下适应，就在中间绿波段上停留片刻。

### 1.3.1.3　其他对色彩科学有贡献的科学家

法国化学家谢弗勒尔（M. E. Cheyruul, 1786—1889），在一家著名的制毯企业当染色指导时，对色彩心理学产生了兴趣。他于 1839 年发表论文《论色彩的同时对比规律与物体固有色彩的相互配合》，提出了全新的色彩对比概念与观点，这对后来满腔热情的印象派绘画产生了强烈的影响。按照这一法则，红与绿、黄与紫、青与橙等这些互补色的颜色被相邻放置时，其色彩显得最为鲜艳。但是，将这些颜料在调色板上混合后，色彩便会暗淡。

19 世纪中叶英国物理学家麦克斯韦（James Clerk Maxwell, 1831—1879），发表了光的电磁波学说，还制作出了为画家们应用的色彩空间混合实验的旋转盘。他在电磁学方面取得了 19 世纪物理学上最伟大的成就，是继牛顿之后在历史上作出又一划时代贡献的科学家。1873 年，麦克斯韦出版了巨著《电磁学通论》，归纳出有关电磁场理论，统一了电学、磁学和光学，实现了物理史上第二次大综合。同时，他预言光就是电场和磁场在空间以互相垂直的方式交替传播的波动行为。根据他提出的波动方程，可以得到光在真空中得传播速度 c = 300 000 千米/秒。同时，光的频率或波长决定了光的颜色。麦克斯韦理论还表明，电磁波是一个极宽的连续波谱，可见光只是其中很窄的一段，其他部分都是眼睛无法观察到的。

德国心理学家赫林（Edward Hering, 1834—1918），在 1878 年以心理物理（phychophysical，研究刺激与感觉的关系）的方法进行研究，提出了一种色觉理论，认为视网膜上存在有三对颜色相互拮抗的视锥细胞，即红—绿、黄—蓝、白—黑，这三对细胞的活动结果产生了各种颜色知觉和各种颜色混合现象。

## 1.3.2　色彩艺术的发展

在另一个完全不同的领域，艺术家们在挥笔作画的过程中也在思考色彩的本质，并凭借自己的经验和从科学理论中借鉴的知识不断进行作品创新。

### 1.3.2.1　浪漫主义画家的色彩探索

以欧洲的绘画发展为代表，在现代艺术时代来临之前，大多数学院派艺术家画作的色调是幽暗的。纵观文艺复兴时期以来，色彩一直在画家的心目中居次要地位。他们认为对于绘画来说，构图、线条和透视是最重要的，色彩并不是主要问题。作画的步骤是：首先根据选题拟定构图的有关细节，然后选定物体的表现层次、视角和透视。随后一般先画出草图，用黑铅笔完成黑白底稿。在空白画布上完成底稿之后，如果其他环节都已完成，这才到了最后一步，即拿起调色板给画着色。

首先在绘画中重视色彩的大师是法国浪漫主义画家德拉克罗瓦（Eugène Delacroix，1798—1863）。他的作品弱化线条，用色热烈生动，富有个性。1830年7月28日，巴黎人民掀起推翻波旁王朝的革命，德拉克罗瓦以此为题材，创作了一件融幻想与现实于一体的作品《自由领导人民》（见图1.6）。这幅画描绘的是革命人民为推翻波旁王朝而与保皇军展开巷战的场面，强烈的光影造就了戏剧性的张力，气氛热烈激昂，构图富有动感，色彩丰富炽烈，笔触奔放挥洒。

图1.6　《自由领导人民》（德拉克罗瓦）

### 1.3.2.2　印象派的成就

与德拉克罗瓦同时代的英国画家透纳（William Turner，1775—1851），也是色彩解放的先行者之一。在他的作品中，他将各种色彩并置，红色、橘红色、绿色、蓝色和黄色在人们眼中产生闪烁和跳动（如图1.7）。他发展了光与色彩远胜过造型的绘画风格，对大气和光线的探究极大地影响了后来的印象主义画派。印象派代表人物莫奈（Claude Monet，1840—1926），在1869年的伦敦之行中，就对透纳的外光表现技法崇拜不已，这个影响在他1872年的著名作品《日出·印象》中可见一斑（见图1.8）。

图 1.7 《战舰"特米雷勒号"最后一次归航》(透纳)

图 1.8 《日出·印象》(莫奈)

印象派 19 世纪 60～90 年代在法国兴起，当时因莫奈的油画《日出·印象》受到一位记者嘲讽而得名。印象派主张艺术家们走出画室，深入原野和乡村、街头，认真观察一天中不同光线条件下的自然景色，寻求并把握色彩的冷暖变化和相互作用，以看似随意实则迅速准确地抓住对象的手法，把变幻不居的光色效果记录在画布上，留下瞬间的永恒图像。这种直接外光写生的方式和捕捉生动印象的作画风格，不能不说是印象派对绘画的革命。

莫奈的作画方法自成风格。他以色块为基础，把浅色色块涂到深色色块上面。他作画时并不勾勒轮廓，将物体的边界表现得模糊不清，使用油彩时也并不是等到最后才进行。最特别的是，莫奈开始作画后不久，就从画室移到户外，他要在户外捕捉某个转瞬即逝时刻的色彩情景，而不是像学院派绘画那样，只靠画家的回想。对于莫奈来说，一幅画的基调取决于他眼睛最先感觉到的色彩。

印象派主张绘画不仅是艺术，而且应该是科学的，要经得起光学原理的分析。印象派另一位代表人物雷诺阿（Pierr-Auguste Renoir，1841—1919）在画中让胭脂红、玫瑰红、蓝色与紫色和阳光一道在赤裸的肌肤上闪烁，没有人能如此得心应手地运用色彩和光来剖解、分析明暗关系，并兼顾色彩的写实效果。

### 1.3.2.3　新印象派与点彩

修拉（Georges Seurat，1859—1891）是新印象主义的创始人。他赞同印象派用光谱色作画的革命性主张，但认为印象派的绘画内容过于偏重偶然性而无视构图。因此，他决心按照客观而科学的原理，从每一个细节出发来组织作品。

修拉的科学修养很好，他对当时最先进的科学成就有所研究，如麦克斯韦的光学理论、化学家谢弗勒尔的色彩对比法则等。按照对比法则，当红与绿、黄与紫、青与橙等这些互补的颜色被相邻放置时，其色彩效果看起来最鲜艳；但如果将这些颜料在调色板上调合后，色彩就会变得暗淡。修拉和后来的新印象主义画家主张用未经调和的原色绘画，绝对避免在调色板上混合颜色。他们用细小的各原色色点来塑造形象。绘制画面，中间色由观赏者在自己的眼睛中去调和（见图 1.9）。因此，新印象派又被称为"点彩派"。这种用色点排列而成的画不能精细地刻画物象的细节，但是各种颜色的并置，会因对比关系使画面更加明亮，产生出富有光感的灿烂辉煌的效果。因此，又有人用"分色主义"一词来指代这种绘画技法。这是色彩魅力和奥秘的又一次挖掘和展现，是科学研究和艺术探索的结合。

图 1.9 《大碗岛上的一个星期日》（修拉）

## 本章小结

通过本章的学习，我们首先了解了设计基础课程的由来、设计基础中"构成"的含义。其次，我们概括了设计色彩的学习内容与目标、方法。最后，阐述了现代色彩理论的研究历史。本章是设计色彩的开端，有助于了解整门课程的概况。

## 思考与练习

1. 根据自己目前对艺术作品和商品的理解，举例说明在艺术作品创作中和在商品设计中，色彩的运用有什么不同。

2. 自己查找资料，概括一下在牛顿之前人们在色彩原理方面的探索。

# 第 2 章 色彩的物理原理与色彩混合

## 2.1 光是产生色彩的首要条件

色彩的产生，是光对人的视觉和大脑发生作用的结果，是一种视知觉，没有光源就没有色彩感觉。在黑暗中，人们是看不到各种景物的形状和色彩的，那是因为没有光线。在同样的光线条件下，人们可以看到不同的对象有各自不同的色彩，这是因为各种物体表面具有不同的吸收光和反射光的能力，反射的光不同，人的眼睛就会看到不同的色彩。

这个产生视知觉的过程是：光——眼睛——神经——大脑皮层，如此人们才能感知到色彩（见图 2.1）。

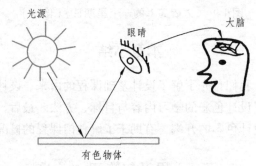

图 2.1 产生色彩知觉的过程

可见，光是产生色彩知觉的首要条件，那么什么是光呢？经过近代伟大物理学家的刻苦探索，光这一普通而又神秘的事物最终有了较为满意的解释。光是一种电磁波，电磁波的波长范围极宽，根据波长可以将电磁波分为宇宙射线、X 射线、紫外线、可见光、红外线和无线电波等，它们都各自有不同的波长和振动频率。在整个电磁波范围内，并不是所有的光都有色彩，更确切地说，并不是所有光的色彩都可以用人的肉眼分辨。只有波长在 380 纳米至 780 纳米之间的电磁波才能引起人的色彩感觉，这段电磁波叫可见光。其余波长的电磁波都是肉眼看不见的，通称不可见光。最短的电磁波是宇宙射线，最长的电磁波是交流电波，可见光波属于电磁波中波长较短的一段（见图 2.2、表 2.1）。

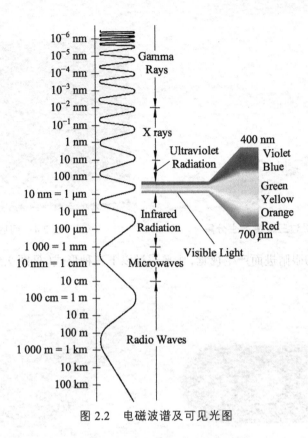

图 2.2　电磁波谱及可见光图

表 2.1　可见光的波长范围及颜色

| 颜色 | 波长（nu） | 范围（nm）红 |
|------|-----------|--------------|
| 红 | 700 | 640～750 |
| 橙 | 620 | 600～64 |
| 黄 | 580 | 550～600 |
| 绿 | 520 | 480～550 |
| 蓝 | 470 | 450～480 |
| 紫 | 420 | 400～450 |

　　由三棱镜分离出的波长不同的各种色光具有各自不同的折射率。红光的波长最大，折射率最小；依次排列，紫色光波长最小，折射率最大（见图 2.3）。彩虹的产生与三棱镜分光的原理完全相同，雨后的大气层充满了微小的水珠，每一粒水珠都像一个棱镜一样具有分光的作用，白色日光在水珠内产生了折射作用，于是我们看到了彩虹。彩虹展示了非常美丽的色彩秩序，是大自然的奇观（见图 2.4）。

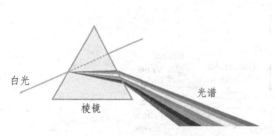

图 2.3　白光经过三棱镜产生分解　　　　　　图 2.4　雨后彩虹

光线进入人的眼睛进而产生视觉，主要通过以下三种形式（见图 2.5、图 2.6、图 2.7）：

图 2.5　交通信号灯　　　　　　　　　图 2.6　蓝色透明玻璃器皿

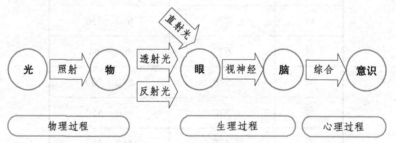

图 2.7　光线以三种形式经过眼睛在大脑中产生色知觉

（1）光源光。

眼睛直接对着光源，光直接进入眼睛。在这种情况下，光波在传播的过程中没有受到其他因素的影响，颜色不变，是光源的本色。

（2）透射光。

光源光穿过透明或半透明物体后进入视觉，如透过彩色玻璃去观察色彩，或者白色的日光穿透一些彩色玻璃射入房间，此时眼睛接受的光属于透射光。透明的物体，光波可以全部或部分穿过，如白玻璃可以透过全部波长的光波，而蓝色玻璃只能透过蓝色光，其他光波被吸收。不透明的物体具有遮光性，光波不能穿过。

（3）反射光。

反射光进入眼睛产生色彩知觉是光进入视觉的最普遍形式。在有光线照射的情况下，眼睛能看到物体，就是该物体反射光线进入视觉的结果。物体对某种波长的光反射得多，就呈现为那种波长对应的颜色。通常，物体不是只反射一种色光，只是因为眼睛感受到的某几种光比较多，而其他色光被反射得比较少。

## 2.2　光源色、物体色、固有色

光源色是由光源本身发出的光的波长决定的，这些光直接进入人的眼睛，产生颜色知觉，如交通红绿灯发出的色光。

如上文所述，物体呈现出特定的颜色，是由其表面的吸收光和反射光的能力决定的，反射的光不同，眼睛就会看到不同的色彩。例如，一个红色的物体放在白光的照射下，能反射其中的 640 ~ 750 纳米的电磁波，只有一部分红光在共振时消耗能量，同时物体表面也微弱地反射邻近的光谱色，其他色光被吸收，所以人们感知到这个物体是红色的（见图 2.8）；同样，蓝色表面在白光下以反射蓝光为主，同时微弱反射邻近的光谱色，将其他光谱色吸收掉，所以我们看到了蓝色。

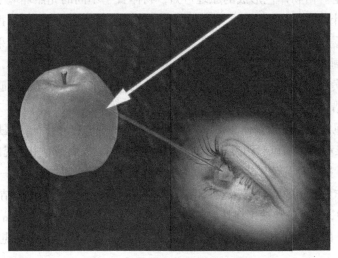

图 2.8　红色表面的反射效果

这是在白光照射下的情况。如果用有色光照射物体，物体的颜色会发生很大变化。例如，我们用红光照射红色表面，这会使物体表面反射红光的单一性更强，红色的效果更强烈。如果用绿光照射绿色表面，绿色表面会更加鲜艳明亮。但是，如果用绿光照在红色表面上，效果就完全不同，因为红色表面没有红色光可以反射，它会把绿光完全吸收掉，结果在绿光照射下变成了较暗的黑灰色。反过来，用红光照在绿色表面上，绿色表面也将变成黑灰色（见图 2.9、图 2.10）。

图 2.9　静物在白光照射下的效果　　　　图 2.10　静物在绿色光照射下的效果

对于黑色和白色物体而言，从理论上说，纯白色表面应该反射所有波长的色光，但其实即使最白的表面也只有 90% 的光被反射，另外 10% 的光线被吸收了。黑色物体理论上是完全吸收了全部色光，但生活中看到的黑色其实是微量反射的结果，否则人就不可能看到这个物体，即使最黑的表面也要反射 2% 的光线。

根据以上所分析的物体与光线的不同组合情况，可以概括出物体色、固有色这两个不同的概念。所谓物体色，就是物体在特定光照下呈现出的颜色，由它的表面和投射光这两个因素决定。由物体色形成的原理可知，物体置于不同的光照环境下会呈现不同的色彩，这在设计中常常得到应用。例如，现在室内普遍采用灯光照明，投射光与物体色的关系必须根据室内展示的目的加以考虑，才能得到适合需要的颜色效果。例如在展示设计中，暖色调的物品如果用冷色光照明，或冷色调作品用暖色光照明，都会破坏原有的色彩效果。卖场中的商品照明也需要根据商品的特点来选择色光的冷暖属性，否则会给消费者制造错误的、不客观的印象。

所谓固有色，通常是指物体在正常白色日光下所呈现的色彩特征，这是一种带有普遍意义的人们对某种物体的色彩印象。例如，当提到柠檬时，人们脑海中浮现出的是一种明亮的黄色，因此就把这种黄色作为柠檬的固有色。提到茄子时，回忆起的是一种暗沉的紫色，于是就把紫色作为茄子的固有色。这种印象其实是白色日光照射下的色彩结果，具有象征的含义。在应用中，固有色常被用在具有象征意义的设计中，如绿色安全食品，用纯度高的绿色作为包装设计的主要色彩，让消费者产生"源自自然，安全无忧"的联想（见图 2.11）。

图 2.11　以食物原料的固有色作为包装色

## 2.3　色彩的三要素

色彩同时具有三种基本属性，即它的三要素：色相、明度、纯度。所以，把纷繁复杂的色彩现象概括为最基本的要素，然后研究要素的各种组合及其视觉效果，是一种有效的研究方法。对色彩三要素的理解和掌握，是学习色彩构成的基础。只有熟悉色彩三要素的特性，深入地体会它们在不同量和秩序中所展示的不同面貌，才能如同作家写文章般熟练地遣词造句，写出动人的色彩篇章。

### 2.3.1　色　相

前面分析过色彩知觉产生的物理原理，人们能够辨认出的红、橙、黄、绿、蓝、紫等不同的色彩，是由光波的不同波长决定的。为了描述不同的色彩效果，人们用名词给这些不同感觉的颜色加上名称，当我们用语言说出某一种颜色的名称，如"橙色"时，听者或读者就会在头脑中想象出这种颜色的面貌来。这就是色相的概念（见图 2.12）。对单色光来说，色相决定于该色光的波长；对复色光来说，色相决定于复色光中各波长色光的比例。

可见光谱中的基本色相有红、橙、黄、绿、青、蓝、紫七种，它们的波长从长到短按顺序排列，人们感受到的是美丽而和谐。除了这七种光谱基本色相，同样是红色，人的眼睛又能分辨出波长有细微差别的紫红、朱红、粉红、深红、土红等不同的色相。如果在这些红色中再加入白色，又能调和出无数偏浅的红色。同理，同样都是绿色，人们能分辨出翠绿、草绿、橄榄绿、粉绿等不同的色相，等等。

光谱色的色相序列是呈直线排列的，若把可见光谱的两个极端色——红色与紫色首尾相连，组成一个圆形序列，则恰好可以形成视觉上连续变化的、循环的效果。因此，在应用色彩理论中，通常用色相环而不是用直线序列来表示色相系列。最简单的色环由光谱上的 6 个色相环绕而成，如果在这 6 个色相之间增加一个过渡色相，如红与橙之间增加红橙色，红与紫之间增加紫红色，还有黄橙、黄绿、蓝绿、蓝紫等色，就构成了 12 色相环（见图 2.13）。12 色相是人的眼睛很容易分辨的色相，如果在这 12 个色相间再增加一个过渡色，如在黄绿与黄之间增加一个绿味黄，在黄绿与绿之间增加一个黄味绿，以此类推，就会组成一个 24 色的色相环。24 色相环会呈现出更加微妙而柔和的色相过渡。

图 2.12　不同的色相

图 2.13　12 色相环

### 2.3.2 明 度

明度指色彩的明暗程度，也称亮度。在无彩色系列中，白色最亮；明度最高，黑色最暗，明度最低。在黑白之间可以分出很多明暗不同的灰色等级，形成灰度系列。靠近白色一端的为高明度色，靠近黑色一端的为低明度色，中间部分为中明度色。如图 2.14 所示。

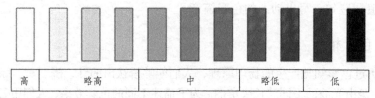

图 2.14　明度色标

白颜料是高反射率的材料，在其他颜色中混入白颜料，可以提高混合色的反射率，从而提高混合色的明度。混入白色越多，亮度提高越多。黑色颜料属于反射率极低的材料，在其他颜色中混入黑颜料，可以减低混合色的反射率。稍微混一些黑颜料，反射率就明显地降下来，也就降低了混合色的明度；混入黑色越多，明度减低越多。如图 2.15 所示。

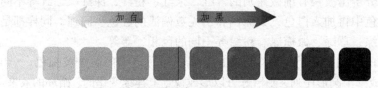

图 2.15　红色通过加白或加黑产生明度变化

不只是黑白灰的无彩色系列，每种颜色都有自己的明暗特征。从光谱色中可以看到最明亮的颜色是黄色，处于光谱的中心位置。最暗的色是紫色，处于光谱的边缘。对于波长一样的光，光波的振幅越大，色光的明度越高。对于不同波长的光，振幅与波长之比越大，明亮的知觉度就越高。物体表面的颜色明度特征是由对光的反射率决定的，对光的反射率越大，反射出的光线对视觉的刺激程度就越大，看上去就越亮，也就是说，这一物体表面的色彩明度越高。如图 2.16 所示。

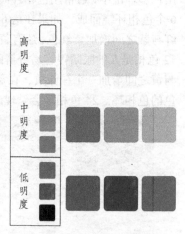

图 2.16　纯色相的明度差别

可以用一个简单的实验来证明色相环中各个颜色的明度高低。将色相环展开，使紫红位于两端，黄色位于中央，向上逐渐加白，可以发现，黄色很快就可以变成近似纯白，而紫色变为纯白最慢。向下逐渐加黑，紫色很快即可以变为近似纯黑，其次为青色，而黄色变为纯黑最慢。这个实验说明，黄色明度最强，而紫色明度最低，其余介于两者之间。如图 2.17 所示。

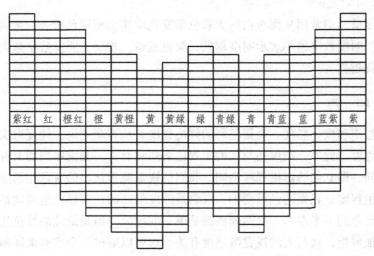

| 紫红 | 红 | 橙红 | 橙 | 黄橙 | 黄 | 黄绿 | 绿 | 青绿 | 青 | 青蓝 | 蓝 | 蓝紫 | 紫 |
|------|-----|------|-----|------|-----|------|-----|------|-----|------|-----|------|-----|

图 2.17　各色相的明度展开

　　明度是色彩三要素中很特殊的一个，有很强的独立性，常被称为色彩的骨骼。它可以不带任何色相特征而仅通过黑白灰的关系单独呈现出来。例如，用黑白胶片拍摄彩色景物，景物中每种色彩的明度都会被抽取出来，组合成为只有灰度系列的黑白照片。从有彩色的世界中抽象出来的明暗结构就是色彩的骨骼。明度可以单独呈现，而色相与纯度如果脱离了明度是无法单独存在的。色彩一旦发生，明暗关系就会出现（见图 2.18、图 2.19、图 2.20、图 2.21）。

图 2.18　汽车的彩色照片

图 2.19　色相抽离之后的黑白照片

图 2.20　纯色相的均匀过渡

图 2.21　将色相抽离后可以看出明度最高的部分

明度的度量，通常用从黑至白的无彩色渐变色阶作出明度色阶表，来表示一种颜色明度的等级。明度数字越小表示明度越低，颜色越暗。相反，明度数字越大，表示明度越高，颜色就越亮。

### 2.3.3　纯　度

纯度又称饱和度、彩度，是指色彩的鲜艳程度。从客观上说，纯度取决于一种色光的波长单一程度。此外，纯度还与人的主观色彩知觉有关。光谱序列的七种色相各自的纯度都不相同，即它们的鲜艳程度不同。我们的视觉能辨认出的有色相的颜色，都有一定程度的鲜艳程度。在光谱色系列中，红色是纯度最高的，蓝绿色是纯度最低的，绿色的纯度只有红色的一半左右。虽然光波都是单一的成分，但是最纯的红色比最纯的蓝绿色看上去更加鲜艳，这与人的视觉敏感度有关。这可以通过一个实验来证明。用一个纯色的色相带，将各色等量加灰，使其渐渐变成视觉辨认不出色相的纯灰，可以看到，红色最难变成纯灰，而蓝绿色最容易。这说明红色的纯度最高，蓝绿色的纯度最低。如图2.22、图 2.23 所示。

七色相纯度序列表

| 红 | 橙 | 黄 | 绿 | 青 | 蓝 | 紫 |
|---|---|---|---|---|---|---|
| N1 | | | | | | |
| N2 | | | | | | |
| N3 | | | | | | |
| N4 | | | | | | |
| N5 | | | | | | |
| N6 | | | | | | |
| N7 | | | | | | |
| N8 | | | | | | |
| N9 | | | | | | |
| N10 | | | | | | |
| N11 | | | | | | |
| N12 | | | | | | |
| N13 | | | | | | |
| N14 | | | | | | |

图 2.22　七色相纯度序列

任何一种单纯的颜色，如果加入无彩色系的任何一种色混合，就会降低它的纯度。例如，当纯黄色中混入白色时，仍然具有黄色的色相特征，但它的明度提高了，鲜艳程度（纯度）降低了，成为粉黄色；当混入黑色时，明度变暗了，鲜艳程度（纯度）也降低了，成为暗黄色；当混入与黄色明度相似的中性灰时，它的明度没有改变，但纯度降低了，变成了灰黄色。不同色相的颜色混合，纯度也会降低（见图2.24）。

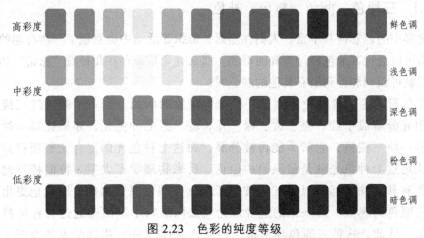

图 2.23　色彩的纯度等级

图 2.24　黄色通过加白、加黑改变纯度

　　生活中见到的各种色彩，绝大部分都是含灰的非饱和色，纯度的变化非常奇妙，一种色彩的纯度即使只是产生非常微小的变化，也会使色彩的性格变得非常不同（见图2.25）。因此在应用设计中，色彩的纯度调整是需要经验和敏锐感受的，要在平时的练习中多多体会。

图 2.25　低纯度色在室内设计中的应用

## 2.4　色彩的混合

### 2.4.1　三原色、间色、复色、补色

自然界中的色彩何其丰富，人们在绘画、染织等活动中也发现了一些有趣的规律，有的色彩可以通过其他色经过调和而得到。那么究竟是否存在几种最"原始"的颜色，只用它们就可以调和得到所有其他的颜色呢？

这在色彩理论的发展史上也是一个非常重要的问题。当年牛顿通过三棱镜实验将白色阳光分解成了红、橙、黄、绿、青、蓝、紫七种色光，如果让每一种色光再次通过另一块三棱镜，它就不能再被分解，而这七种色光的混合又重新得到白光，因此他认定这七种色光就是最原始的原色。后来物理学家大卫·鲁伯特发现，在染织中，所有其他颜色都可以由红、黄、蓝这三种颜色混合而成，因此他提出了红、黄、蓝三原色的观点。后来他的这种理论被法国染料学家席弗通过各种染料配合试验所证实。从此，这种三原色理论被人们公认。1802 年，生理学家汤麦斯·杨根据人眼的视觉生理特征提出了不同的观点，认为三原色不能一概而论，色光的三原色与色料的三原色是不同的，色光的三原色并不是红、黄、蓝，而是红、绿、紫。汤麦斯·杨的理论后来被物理学家麦克斯韦证实，他在物理试验中将红光和绿光混合，这时出现了黄光，然后掺入一定比例的紫光，结果出现了白光，与红、橙、黄、绿、青、蓝、紫七种色光的混合结果是一样的。此后人们开始认识到，色光和色料的原色及其混合规律是不一样的。

综合以上研究成果，用其他色不能合成的三种色彩称为三原色，原色按照性质的不同可分为两类：色光三原色和色料三原色。色料的三原色是红（品红）、黄（柠檬黄）、蓝（湖蓝），而色光的三原色是红（朱红）、绿（翠绿）、蓝（蓝紫）。

#### 2.4.1.1　色光三原色

在牛顿的三棱镜实验中，白光经过三棱镜被分解为红、橙、黄、绿、青、蓝、紫七种色光，其中的红（朱红）、绿（翠绿）、蓝（蓝紫）三种色光可以合成其他所有的色光，而不能由其他色光混合产生，于是这三种色光被称为色光的三原色（见图 2.26）。现在的电脑显示器、电视机屏幕等利用的就是这个色光混合原理（见图 2.27）。红色光和绿色光混合投射到银幕上，人们看到的是黄色，如果在光束中再加入蓝紫色光，结果就是白光。彩色电视机的荧光屏上涂有三种不同的荧光粉，当电子束打在上面的时候，一种能发出红光，一种能发出绿光，一种能发出蓝光。制造荧光屏时，三种荧光粉被一点一点互相交替地排列在荧光屏上。无论从荧光屏什么位置取出相邻三个点来看都一定包括红、绿、蓝各一点。每个小点只有针尖那么大，不用放大镜无法分辨。由于小，又挨得紧，在发光的时候，用肉眼就无法分辨出每个色点发出的光了，只能看到三种光混合起来的颜色。

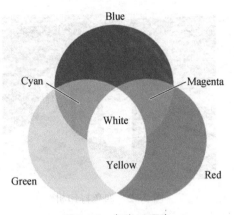

图 2.26　色光三原色

图 2.27　彩色电视机的三原色像素点

### 2.4.1.2　色料三原色

实验证实，色料当中大多数色可以由其他色混合得到，如蓝色和黄色混合可以得到绿色，蓝色和红色混合可以得到紫色，大红色和柠檬黄色混合可以得到橙色等。但是，有三种色料不能用其他色料混合得到，即红（品红）、黄、蓝（青），这三种颜色就被称为色料的三原色（见图 2.28）。彩色印刷中的油墨调配、彩色打印机的色彩还原，彩色照片的成像，都是基于这个原理。四色印刷机以黄、品红、青三种油墨加黑油墨来印刷图像。在彩色照片的成像中，三层乳剂层分别为底层为黄色、中层为品红，上层为青色。各品牌彩色喷墨打印机也都是以黄、品红、青加黑墨盒打印彩色图片的（见图 2.29～图 2.32）。

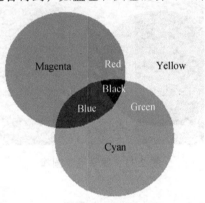

图 2.28　色料三原色

图 2.29　四色印刷中的原色点

四色印刷色序

图 2.30　四色印刷的一种顺序

图 2.31 四色印刷机

图 2.32 四色打印机

红、黄、蓝三原色是非常明亮、给人印象深刻的，世界上许多国家都选用这三原色作为国旗的色彩（见图 2.33、图 2.34）。中国民间传统艺术也经常用明亮的原色来表现艺术对象，如戏剧脸谱中就大胆地使用强烈的三原色来突出人物的个性（见图 2.35）。

图 2.33 罗马尼亚国旗

图 2.34 西班牙国旗

图 2.35 脸谱中应用强烈的原色来表现人物个性

### 2.4.1.3 间 色

又叫"二次色"，是由色光或者色料的两种原色混合而得到的颜色。通常人们所说的间色，是指色料三原色混合得出的三种间色。

色料的三原色两两等量相混后产生的三种间色为：红色＋黄色＝橙色，黄色＋蓝色＝绿色，蓝色＋红色＝紫色。其中，橙、绿、紫就是色料的三种间色（见图 2.36）。但是，如果两种原色在混合时各自所占分量不同，调和后就能形成多种间色，所以相对意义上的间色就不止三种。间色与原色相比较为柔和，自然界中植物的色彩就以间色为多。图 2.37 为间色在室内设计中的应用。

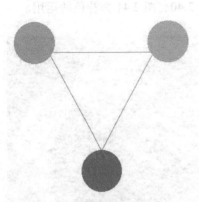

图 2.36  橙、绿、紫三间色

图 2.37  间色在室内设计中的应用

### 2.4.1.4  复 色

复色是用原色与间色相混或用间色与间色相混而成的"三次色"，如红橙色、蓝紫色等（见图 2.38）。多种单色光相叠加会得到越来越亮的色光，而多种色料相混合则会使颜色越来越深。

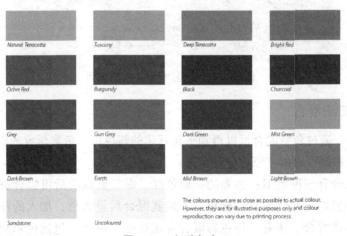

图 2.38  各种复色

在画面的表现效果上，原色最强烈，间色较温和，而复色在明度和纯度上都比较弱。有时候我们感觉画面的颜色对比过于强烈、刺激，或布局不和谐时，使用复色就能够起到缓冲、平衡或调和画面的作用。

### 2.4.1.5　补　色

在色相环上直径两端对应的两种颜色，互为补色。在色光中，互补的两种色光相叠加会呈现为白光，而在色料中，互补的两种色相混会得出灰黑色，或者一种近似于黑色的脏色。互补色的并置会产生强烈而刺眼的对比效果。一对补色并置在一起，可以使对方的色彩更鲜明，使色彩对比达到最大的鲜艳程度，强烈刺激感官，引起人们视觉上的足够重视。图2.39为互补色在色相环中的位置，图2.40、图2.41为补色的运用。

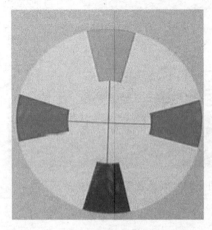

图2.39　补色在色相环上的位置

图2.40　菜肴中补色的运用

图2.41　民间艺术中补色的运用

## 2.4.2　加法混合

在应用中，通过色彩混合可以得到千变万化的新色彩。色彩学家的研究证明，我们所见的各种色彩都可以由三原色变化而来。

色彩的混合有三种类型：色光的三原色红、绿、蓝混合后可以合成白色光，称为加法混合；颜料的三原色品红、柠檬黄、湖蓝混合后呈黑色，加入的种类越多颜色越暗浊，称为减法混合。还有一种色彩混合方式是中性混合，包括色彩旋转混合、空间混合两种。

加法混合就是色光的混合。之所以叫作"加法"，是因为混合后的色光明度会比每种色光成分的明度都高，混合后色光的总亮度等于相混各色光亮度之总和。

在色光混合中，三原色光是朱红、翠绿、蓝紫，这三个色光都不能用其他色光相混产生。当朱红、翠绿、蓝紫相叠加时，与红、橙、黄、绿、青、蓝、紫七色光相加的效果等同，得到白光。

朱红色光＋翠绿色光＝黄色光

翠绿色光＋蓝紫色光＝蓝色光

蓝紫色光＋朱红色光＝品红色光

这个所得到的黄色光、蓝色光、品红色光为间色光。

如果由彩色光与无彩色光相加，会进一步变亮，如红光与白光相加，所得的是更加明亮的粉红色光。如果两种色光相加后能得到白色光，那么这两种色光就是互补关系。例如，朱红色光与蓝色光、翠绿色光与紫红色光、蓝紫色光与黄色光都是互补关系（见图 2.42）。

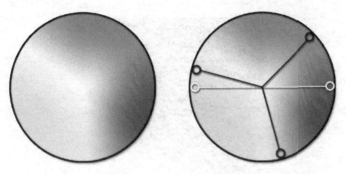

图 2.42　色光的补色关系

在应用中，舞台灯光、展示灯光、环境灯光等的设计，就要遵循色光加法混合的规律，并注意光线与所照射对象的关系，避免用物体色的补色光去与物体的色结合。如若用红色光照射绿色物体、紫色光照射黄色物体，结果就会使被照射物体的颜色变得暗沉。图 2.43 为舞台灯光的色光混合。

图 2.43　舞台灯光的色光混合

### 2.4.3 减法混合

减法混合主要指的是色料的混合。

由于物体表面对光谱中的某种色光有吸收、反射的作用，其中的"吸收"就相当于做减法。颜料中含有很多颗粒物质，在遇到白光的照射后，就会反射光谱上一部分色光而吸收掉其余部分的色光。当两种颜料相混时，这两种颜色的颗粒都相当于许多微小的滤色器。以蓝色颜料和黄色颜料的混合为例，在蓝色颜料中的颗粒主要反射蓝色光，同时它也反射邻近的绿色光、蓝色光、紫色光，而把其余的光谱色光吸收掉。黄色颜料中的颗粒主要反射黄色光，同时也反射邻近的绿色光、红色光、橙色光，而把其余的色光吸收掉。当这两种颜料混在一起时，它们都反射绿色波长而吸收了所有其他波长的波，因此两种颜料的混合产生色彩减法混合效果。如图 2.44、图 2.45 所示。

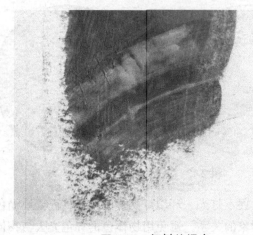

图 2.44　颜料的混合

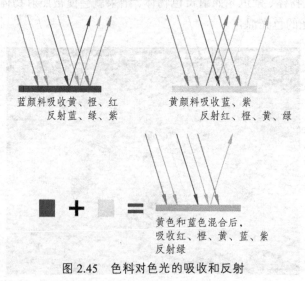

图 2.45　色料对色光的吸收和反射

一般来说，透明性强的染料，混合后具有明显的减光作用。有些印刷油墨或美术颜料，如水彩和丙烯，其透明性强，混合后也会明显地降低光亮度。而有些涂料及颜料，含有较多的有色粉状物质，透明度低，减色效果就不明确。如广告色或油画色，若用黄与紫调和，混出的色比黄色重，但比紫色亮。

对于有色透明物体，如有色滤光玻璃片，白色光线穿过之后，一部分光线被反射，一部分被吸收，最后透过的光是两次减光的结果。把有色的透明材料重叠起来之后，透过的光也有减法混合的效果，如彩色赛璐珞薄膜、有色玻璃、印刷油墨等在白底色上重叠，就比原有的色要暗。在彩色印刷中，将三种不同颜色的油墨相叠印在白纸上，由于油墨有透明度，一部分光能够透过，少量的光被直接反射出来。入射光穿过这些油墨层经过白纸反射，在途中又一次穿过彩色油墨层，会产生一种富有层次感和透明度的色彩效果，相叠的部分产生减法混色。如图 2.46、图 2.47 所示。

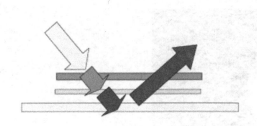
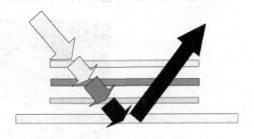

图 2.46　色光穿透油墨时的吸收和反射（1）　　图 2.47　色光穿透油墨时的吸收和反射（2）

减法混合的三原色是加法混合三原色的补色，即翠绿的补色红、蓝紫的补色黄、朱红的补色蓝。原色红为既不带紫味又不带橙味的品红，原色黄为既不借绿味又不带橙味的淡黄，原色蓝为既不带绿味又不带紫味的天蓝包。这三原色，是不能用任何其他颜料混合出来的颜色，用两种原色相混，产生的颜色为间色。

红 + 蓝 = 紫

黄 + 红 = 橙

黄 + 蓝 = 绿

如果两种颜料相混能产生灰黑色或黑色，这两种颜料色就是互补色。在减法混合中，混合的色越多，明度越低，纯度也会有所下降。

### 2.4.4　中性混合

中性混合是很特殊的一种，混合的过程并不变化色光或色料本身，而是由于人的视觉生理特点而产生的视觉色彩混合。混色的结果亮度既不增加也不降低，而是相混合各色亮度的平均值，因此人们把这种色彩混合的方式称为中性混合。

从前面分析可知，无论是色光的混合还是色料的混合，在光线进入眼睛之前都已经在视觉外混合好了，再由眼睛看到，这里面包含物理的混合过程。这里所说的中性混合，是颜色在进入眼睛之前没有混合，而是通过一定的方式让视觉的作用将色彩混合起来，这实际上是一种生理上的混色。

中性混合有两种方式。

### 2.4.4.1　颜色旋转混合

将几块不同的色彩涂在一个圆盘不同的位置上，快速旋转转盘，就可以看到混合起来的色彩。当旋转停止后，其又恢复到原来的状态。这是由于色盘快速转动起来后，眼睛的视网膜的同一位置在不断快速地受到变化的色彩的刺激。在旋转的过程中，当第一种色的刺激在视网膜上的效果尚未消失的时候，第二个颜色刺激已经开始产生作用；当第二个颜色刺激尚未消失的时候，第三个颜色刺激又产生作用。就这样，不同的颜色快速先后刺激作用，就在人的视觉中产生了混合的效果（见图 2.48）。

颜色旋转混合效果在色相方面与加法混合的规律近似，但在明度是相混各色的平均值。

图 2.48　旋转混合的实验转盘

### 2.4.4.2　空间混合

空间混合是另一种色彩的视觉混合方式。我们都知道，物体在视网膜上投影与物体跟眼睛的空间距离有关。物体向眼睛靠近时，在视网膜上的投影就会增大；远离眼睛时，视角缩小，在视网膜上的投影就会变小。如果把不同的颜色并置在一起，当它们距离眼睛足够远，在视网膜上的投影小到一定程度的时候，这些不同的颜色就会同时刺激视网膜上非常邻近部位的感光细胞，以至于眼睛很难将它们独立地分辨出来，这时就会在视觉中产生混合。由于这种色彩混合受空间距离以及空气清晰度等的影响，我们称其为空间混合。空间混合属中性混合，明度值既不加也不减。有时候，同样的颜色用空间混合的方法达到的混色效果，比用颜料直接混合的效果要明亮、生动（见图 2.49、图 2.50）。

在四色印刷中通过分色制版，把彩色图片分成红、黄、蓝、黑四色网版。印刷后，印在白纸上的四色网点有一部分重叠起来，产生减法混合，其余独立的网点保持原色。这些重叠的或未重叠的彩色网点挤在一起布满整个画面，网点十分细密，只有通过放大镜才能看清，因此能够在视觉中发生色彩混合。不同的彩色网点分布，可以混合出各种明暗、鲜浊不同的色调，因此可以还原出与原作非常近似的图像。

图 2.49　空间混合手绘作品

图 2.50　织物中的色彩空间混合

彩色电视成像过程中也有空间混合。在彩色电视机的荧光屏上布满细小的红、绿、蓝色发光荧光粉条或粉点，眼睛很难把它们单独区分开。由于这些发光点的亮度比例在不断地被调节，视觉就会看到不断变化的彩色图像。

在纺织品设计中，空间混合的色彩效果更具魅力，可以将多种不同颜色用于同一件织物的经线与纬线中，还可以把不同色的纤维纺在同一缕纱线中，再编织起来，这样就形成了有不同细色线的统一整体，效果往往非常活泼、生动。

在绘画中，不同颜色的笔触交错细密地平铺在画面上，也会产生生动的空间混合效果。从印象主义大师莫奈和修拉的作品中，就可以看到利用这一色彩规律去表现大自然的手法，颜色并不是调好之后再涂在画面上，而是用细微的纯色圆点一笔一笔排列在画面上，然后在观看者的视觉中完成各种调和。用这样的手法创作的风景画具有强烈的光感与空间感，色彩非常饱和。修拉曾经研究过物理学家谢弗勒尔提出的色彩学原理，主张"以光学的调色代替颜料的调色，这种调色方法意味着把调子分解为它的构成因素"。后期印象主义画家梵高，也接受了这种混色的原理，用强烈的色彩与有力的笔触，完成了许多伟大的作品。

## 2.5　色彩的表示法

前面我们已经学习了色彩产生的客观原理、色彩的三要素等，为了更科学、更直观地表达、定义所有的色彩，以及规范色彩的使用，人们就依据色彩的三要素，将每个要素赋予明确标号，排列到一个完整的体系之中，这种表达形式我们称为色彩的体系。如果该体系借助三维的空间架构来同时标示出色相、纯度和明度三者之间的变化和最终结果，我们就简称它为"色立体"。

色彩体系给色彩的标准化、科学化、系统化及实际设计应用等各方面提供了很大的便利。

### 2.5.1 CIE 系统

CIE 系统实际是一种平面坐标的方式，由 CIE（国际照明委员会）创建。它的根据是前文所述的研究结论——任何色彩都可以由色光三原色红、绿、蓝混合而成。CIE 的目标是通过这个颜色系统，使颜料、染料和印刷等工业能够明确指定产品的颜色。方法是，选定一种色料，用仪器测定此色料的三种原刺激量，称为三刺激值。这样，色的刺激与色彩感觉就能以准确的定量方式加以标示。

色彩的感觉是由光源、物体、观察者三方面的因素集合起来加以确定的。CIE 系统制定的标准是将光线从 45°角的方向照射在物体上，然后观察者从垂直方向看色彩，或从垂直方向投照光线，从 45°角方向看色彩。把三原色之间的百分比分别用 X、Y、Z 三个刺激值表示，由于是百分比，三者相加等于 1，因此，一个颜色实际上只用 X、Y 两个值表示即可。以这样的方式将光谱色中各段波长所引起的色彩感觉整理在 X、Y 平面坐标系上，就可以获得 CIE 色度图。由于白色的感觉可以用红、绿、蓝三色混合而成，所以图中越接近中心的部分，表示越接近白色，而在边缘曲线部分饱和度最高。如图 2.51 所示。

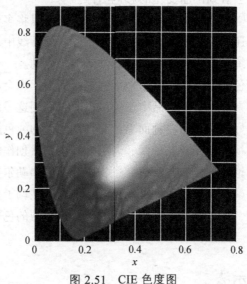

图 2.51　CIE 色度图

CIE 系统是一种精确的色彩表示法，测色时需要有复杂的测色仪器设备和技术，主要用于工业方面的测色，在开发新的颜色系统、编写或者使用与颜色相关的应用程序方面都有重要作用。

### 2.5.2　色立体

#### 2.5.2.1　色立体的结构

色立体是将色相、纯度、明度借助三维空间来表示的色彩系统，非常直观，易于理解。如果我们把地球仪作为模型，所有色彩的关系就可以用这样的位置和结构来类比：赤道部分表示纯色相环。南北两极连成的中心轴为无彩色系的明度序列，南极为黑，用 S 表示；北极为白，用 N 表示；球心为正灰。南半球为深色系，北半球为明色系。球的表面为清色系。球内为含灰色系（浊色系）。球表面任何一个到球中心轴的垂直线上，表示纯度序列；与中心轴垂直的圆周直径的两端表示补色关系。如图 2.52 所示。

根据以上类比，人们得出了色立体的基本骨架（见图 2.53）。它包括以下几个关键结构。

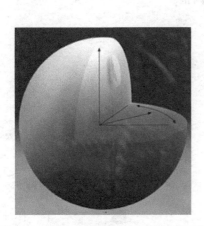

图 2.52　借助三维空间来表示色彩系统

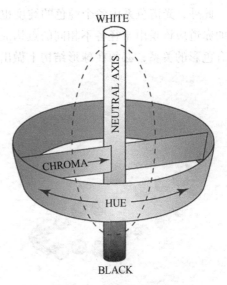

图 2.53　色立体的结构

（1）明度色阶表。明度色阶表位于色立体的中心位置，是色立体的垂直中轴，分别以白色和黑色为最高明度和最低明度的极点，在黑白之间依秩序划分出从亮到暗的过渡色阶，每一色阶表示一个明度等级。

（2）色相环。色相环是以明度色阶表为中心，通过偏角环状运动来表示色相的完整体系和秩序变化。色相环由纯色组成。

（3）纯度色阶表。纯度色阶表呈水平直线形式，与明度色阶表构成直角关系，每一色相都有自己的纯度色阶表，表示该色相的纯度变化。以该色最饱和色为一极端，向中心轴靠近，含灰量不断加大，纯度逐渐降低，到达另一个极端，即明度色阶上的灰色。

（4）等色相面。在色立体中，每一个色相由于都具有横向的纯度变化和纵向的明度变化，因此构成了该色相的两度空间的平面表示。该色相的饱和色依明度层次不断向上运动靠近白色，向下运动靠近黑色，向内运动靠近灰色，这样的关系构成了该色的等色相面。如果以明度垂直轴为中心，将各色相面做放射状安排，就形成三度空间的色立体。

反之，沿色立体的中心轴纵向剖开就可以得到互补色相面。

（5）等明度面。如果沿着与明度色阶表成垂直关系的方向水平地切开色立体，就可以获得一个等明度面，可以从明度色阶表的任何一个高度水平截取等明度面，不同明度面之间的对比会令我们见到色彩调性的变化。

如此一来，所有的色彩按照三要素关系就恰好填满了整个球体。事实上，光谱中各个纯色的明度是有差别的（见图 2.54），如果以这样的明度序列表将球包裹起来的话，纯度最大的黄色应该不在赤道上，而是偏向 N，其次为青色。纯度最大的紫色也不在赤道上，而是偏向 S，这实际上是一个波浪起伏的不规则球体。

此外，光谱色系中各个纯色的纯度也各不相同，如图 2.55 所示。根据这一点，球模型的赤道应该是由半径各不相同的点构成的，并非圆形。因此，如果要用立体结构表达所有色彩的关系，必须在球形结构上做出一定的调整。

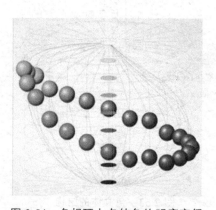

图 2.54 色相环上各纯色的明度高低

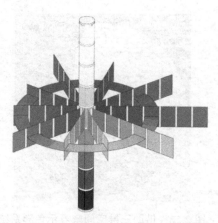

图 2.55 色相环上各纯色的纯度高低

### 2.5.2.2 色立体的用途

（1）色立体就像一本"配色字典"。色立体为人们提供了几乎全部色彩的体系，可以帮助人们开拓思路，更方便地选择色彩。

（2）各种色彩在色立体中是按一定秩序排列的，可以指示色彩的分类、对比、调和等规律。

（3）如果建立一个标准化的色立体谱，将给色彩的使用和管理带来很大的方便。只要知道某种色的标号，就可在色谱中迅速而正确地找到它。但是，色谱也具有若干不可避免的缺点。首先，色谱只能用自己的色料制作，但色料不仅受生产技术的限制，而且在理论上受到的限制也很大。据色彩学家分析，还不可能用现有的色料印刷出所有的颜色来。其次，印刷的颜色也不可能长期保持不变色。因此在实用设计中，色立体常常作为配色的工具，辅助人们创意构思。

下面对目前世界上广泛采用的两种色立体进行介绍。

1）孟塞尔色立体

孟塞尔是美国的色彩学家，长期从事美术教育工作。孟氏色谱是从心理学的角度，根据颜色的视知觉特点所制定的标色系统，目前国际上普遍采用该标色系统作为颜色的分类和标定办法。

孟氏色立体的色相环主要有 10 个色相组成：以红（R）、黄（Y）、绿（G）、蓝（B）、紫（P）为 5 个基本色，在相邻的色相间各增加黄红（YR）、绿黄（GY）、蓝绿（BG）、紫蓝（PB）、红紫（RP），构成 10 个主要色相。每个色相又详细地分为 10 个等分，于是总共展开为 100 个色相。色相名用序号表示，如 1Y，2Y，…，5Y，10Y，其中 5Y 为该色的代表色黄色。如图 2.56 所示。

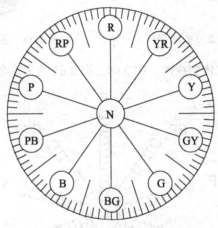

图 2.56　孟塞尔色相环

中心轴是无彩色系的黑、白、灰序列，分为 11 个明暗等级，黑色为 0 级，白色为 10 级，中间 1～9 级为灰色。同时，中心轴也是有彩色系的明度标尺，其他色相的明度与中心轴的明度相对应，所有色相的位置也随其自身明度的高低变化而变化。例如，黄色的最纯色相明度值是 8，而紫色的最纯色相的明度值仅为 4。

色立体的纯度序列与中心轴相垂直，呈水平分布。色立体最外层是最饱和的色相，中心轴的纯度为 0。越靠近外层纯度越高，越接近中心轴则越灰。由于各饱和色的纯度等级不同，所以它们的位置与中心轴的距离显得参差不齐。如蓝绿色距离中心轴最近，而红色距离中心轴最远。如果从色立体明度值为 5 处做一个横剖面就可以发现，剖面不是一个正圆形，呈现出各个色相的数值大小，纯度最高的是红色，为 14；5B 的纯度为 10，5G 纯度为 10。

按照以上方式构造出来的孟塞尔色立体，外观凹凸不平，像一个不规则球体，如图 2.57、图 2.58 所示。

在这个体系中，每个颜色都可以用色相/明度/纯度（即 H/V/G）来表示，如 5R/4/14 表示色相为第 5 号红色，明度为 4，纯度为 14，该色为中间明度，纯度为最高的红。

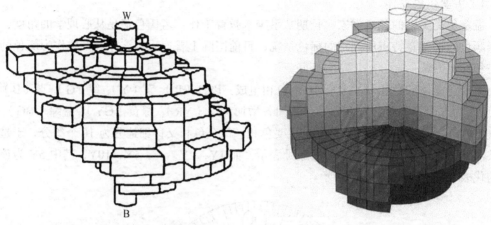

图 2.57 孟塞尔色立体的外观　　　　　图 2.58 孟塞尔色立体的剖面

图 2.59 为孟塞尔色立体俯视图，图 2.60、图 2.61 为孟塞尔色立体纵剖面。

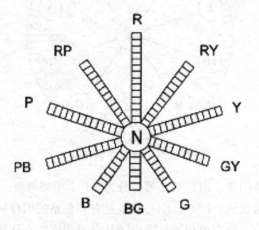

图 2.59 孟塞尔色立体俯视图

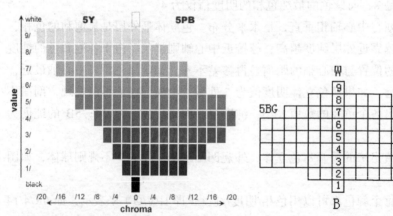

图 2.60 孟塞尔色立体蓝—黄纵剖面　　　　图 2.61 孟塞尔色立体红—绿纵剖面

2）奥斯特瓦德色立体

　　奥斯特瓦德是德国化学家、诺贝尔奖获得者，他在染料化学方面作出过很大的贡献。1921 年他出版了一本《奥斯特华德色彩图示》，后被称为奥氏色立体。这个色立体的色相环以赫林的红、黄、蓝、绿四原色学说为理论依据，在临近的两色之间增加橙、蓝绿、紫、黄绿四间色，共 8 个主要色。上述各色再划分为三等分，扩展成 24 色相环，以 1～24 来标记，每个色相均以中间的 2 号为正色，色相环直径两端的色互为补色（见图 2.62）。

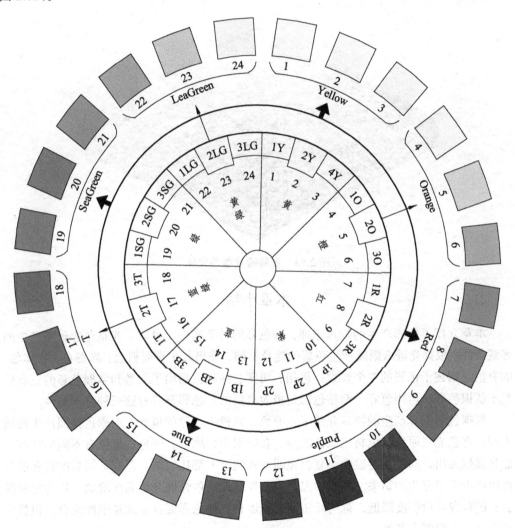

图 2.62　奥斯特瓦德色相环

　　奥氏体系的中心轴由白至黑共计 8 个明度等级，分别用 a、c、e、g、i、l、n、p 表示，每个等级都具有一定的含白量和含黑量，以 a 为最明亮的白色，p 为最暗的黑色，中间 6 个层次为灰色。奥斯特瓦德认为，不存在真正的纯白和纯黑，所以色立体上的所有色相都被视为在纯正色相上调入不同量的白色与黑色混合而成。各个色的比例为：纯色量＋白＋黑＝100%。每个色都以"色相号/含白量/含黑量"来标示。如8ga表示为：8号色（红色），g是含白量，由表查得22；a是含黑量，查得是11，结论是浅红色。

在奥氏色立体中，以明暗系列为垂直中心轴，并以此作为三角形的一条边，其顶点为纯色，上端为明色，下端为暗色，位于三角中间部分为含灰色。若以中心轴为旋转轴，将等色相的三角形旋转360°，就构成了色相环水平放置而外形为规则的复圆锥体状的奥斯特瓦德色立体（见图2.63）。

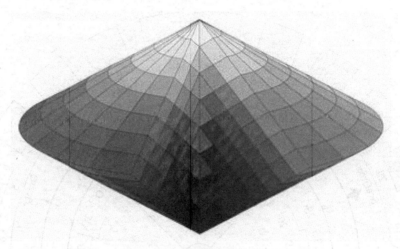

图 2.63　奥斯特瓦德色立体

## 本章小结

本章介绍了色彩产生的物理原理，即色彩的科学属性，说明了光是色彩现象产生的客观条件。根据光进入眼睛产生色彩的途径不同，提出几个重要概念：光源色、物体色、固有色。阐述了色彩的三个要素：色相、明度、纯度。指出了熟悉和掌握色彩的三属性对于认识色彩、运用色彩、调整色彩是极为重要的。色彩都具有这三种基本属性。

根据色彩混合产生的原理介绍了三原色、间色、复色的概念，三原色按照产生性质不同，有色光三原色和色料三原色之分。在应用中，原色、间色、复色有不同的特点，原色强烈突出，间色相对温和，复色在明度和纯度上都比较弱。色彩不同的配置和混合可以产生千变万化的结果。色彩的混合有三种形式：色光混合后亮度增加，称为加法混合；颜料混合后明度降低，称为减法混合；还有一种色彩混合方式是中性混合，包括旋转混合、空间混合两种。

为了更全面、科学、直观地表述色彩的概念、规范色彩的使用，人们把色彩三要素按照一定的秩序和内在联系，立体而又有明确标号地排列到一个完整而严密的色彩表述体系之中，这个体系叫色彩体系。其中色立体借助三维空间架构来，同时表述色相、明度和纯度三者之间的变化关系，最为直观，应用面最广。

## 思考与练习

1. 在光谱中，可见色光分布在哪个波长范围内？

2. 何为物体色？何为固有色？简述物体反射不同色光的原理。

3. 什么是色彩三要素？

4. 用水粉颜料制作 12 色色相环，纸张幅面 20×20 cm。注意使各色之间均匀变化。

5. 色光的三原色和三间色之间有怎样的关系？怎样调配出色料的三间色？

6. 什么是补色？补色在色相环上的位置关系是怎样的？

7. 观察生活中的空间设计、产品设计、平面设计、网页设计等，分析其中的原色、间色、复色的应用。

8. 三要素推移渐变构成练习。

（1）明度推移练习。选择一种单色，通过逐渐加入黑色和白色，形成明度渐变的系列，再利用这一系列组成一幅理想的画面。

（2）色相推移练习。以色相环上的色彩秩序为依据，作色相推移练习。例如，在色环上任选一绿色，从绿色开始，可以向左或向右逐渐变化色相，即可以由绿——黄绿——黄……这样的方向逐渐变化，也可以由绿——蓝绿——蓝——蓝紫这样的方向逐渐变化，形成色相渐变的系列，再用这一系列构成一幅理想的画面。

（3）纯度推移练习。先选择一个纯度色相，再调出一个与该色相明度相等的中性灰色，通过在纯色中不断加入该灰色，逐渐降低纯色的纯度，形成纯度变化系列，再以此系列组合一个理想的画面。

要求：等级过渡要均匀。作业（1）不少于 10 个明度等级，作业（2）不少于 1/4 色相环过渡，作业（3）不少于 5 个纯度等级。在符合基本要求的基础上要尽量发挥创造性，使画面优美、有秩序。

# 第 3 章　色彩的视觉原理与色彩对比

## 3.1　眼睛的视觉感受机理

在第二章我们已经学习了色彩现象产生的客观原理，要产生色彩知觉，在光线进入人的眼睛后，从眼球到大脑皮层的这个过程中还会发生一系列的生理反应，这些对于研究和应用色彩现象也是非常重要的。因此，要全面掌握色彩知识，我们还必须了解人的视觉器官的生理特征及其功能。

### 3.1.1　人眼的构造及功能

#### 3.1.1.1　眼　球

人的眼球内具有光学系统的结构，可以使进入眼内的可见光汇聚在视网膜上，就像照相机，能够使外部事物反射的光线汇聚在底片上成像。人眼球的结构如图 3.1 所示。眼球壁由三层膜组成，外层是坚韧的囊壳，保护眼睛的内部，称为纤维膜，它的前 1/6 为角膜，后 5/6 为白色不透明的巩膜。中层称葡萄膜（或血素层、血管层），颜色像黑紫葡萄，由前向后分为三部分：虹膜、睫状体和脉络膜。内层为视网膜。

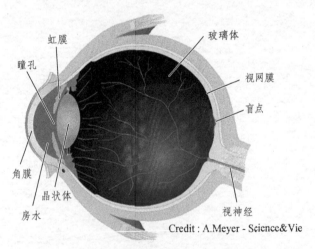

图 3.1　眼睛的解剖示意图

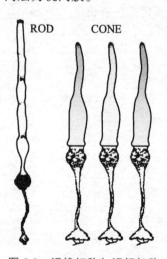

图 3.2　视锥细胞与视杆细胞

### 3.1.1.2　角　膜

位于眼球最前端，透明无血管，微向前突出，光线由这里折射进入眼球。

### 3.1.1.3　虹　膜

在角膜后面呈环形围绕着瞳孔，也叫彩帘。虹膜内有两种肌肉可以控制瞳孔的大小：缩孔肌（即环形肌），收缩时瞳孔缩小；放孔肌（即辐射肌），收缩时则瞳孔放大，其作用如同照相机的自动光圈装置，而瞳孔的作用就像光圈。它的大小控制一般是不自觉的，光线弱时放大，光线强时缩小。

### 3.1.1.4　晶状体

晶状体在眼睛正面中央、睫状肌的环内，它的功能就像能自动调节焦距的凸透镜。光线投射进来以后，经过它的折射传递给视网膜。所谓近视眼、远视眼、老花眼以及各种色彩、形态的视觉或错觉，大部分都是由于晶状体的伸缩作用引起的。晶状体内含黄色素，随年龄的增加而增加，会影响其对色彩的视觉。

### 3.1.1.5　玻璃体

把眼球分为前后两房，前房充满透明的水状液体，后房则是浓玻璃体。外来的光线，必须顺序经过角膜、水状液体、晶状体、玻璃体，然后才能到达网膜。它们均带有色素，随环境和年龄的变化而变化。

### 3.1.1.5　黄斑与盲点

黄斑是网膜中感觉最特殊的部分，稍呈黄色。色觉有很大的个人差异与黄斑是有关系的，位置刚好在通过瞳孔视轴所指的地方，即视锥细胞和视杆细胞最集中的地方，是视觉最敏锐的地方。我们看到物体最清楚时，就是因为影像刚好投射到黄斑上。黄斑下面有盲点，虽然是神经集中的部位，但缺少视觉细胞，不能看到物体影像。

### 3.1.1.7　视网膜

视网膜是视觉接收器的地方，本身也是一个复杂的神经中心。视网膜上含有两种感光细胞：视杆细胞和视锥细胞（见图 3.2），就如同底片上的感光乳剂。这些感光细胞把接受到的色光信号传到神经节细胞，再由视神经传到大脑皮层枕叶视觉神经中枢，产生色感。视杆细胞能够感受弱光的刺激，但不能分辨颜色，视锥细胞在强光下反应灵敏，可以辨别颜色的细微变化。在中央凹处内，只有视锥细胞，很少或没有视杆细胞。在网膜边缘，靠近眼球前方各处，有许多视杆细胞，而视锥细胞很少。

从光线亮转到光线暗的环境下后，人眼由中央窝的明视觉转移到边缘部分的暗视觉，同时瞳孔放大，使眼睛适应黑暗的环境。当光线暗到一定程度的时候，人就无法辨别颜色，只能看到明暗不同的无彩色层次。红色光对杆体细胞不起作用，杆体细胞内的视紫红质不会被红光破坏，因此红光不阻碍杆体细胞的暗适应过程。当一个人接受的是红光刺激，然后突然转到黑暗环境中，他的视觉感受性仍能够保持平衡，不需要暗适应的重建过程。此原理适用于 X 光检查的暗室、夜间信号灯等一系列需要暗适应的红光照明。而当人从暗环境转到亮环境下时，瞳孔立刻缩小，视觉由视网膜边缘的暗视觉转入中央窝的明视觉，适应了光线从暗到亮的转换，从暗到亮的适应过程可以在很短的时间内完成。

#### 3.1.1.8　视觉过程

入射光经过角膜和晶状体的折射，到达视网膜。眼睛内部各处的距离大小都固定不变，只有晶状体可以变形，相当于照相机的镜头，可以通过睫状肌的收缩或松弛改变屈光度，聚像于网膜上。正常人眼在观察近处物体时，可调节收缩睫状肌，使晶状体突出一些，这样由近处物体射来的光线，经晶状体凸出面的折射后，仍然可以汇集在视网膜上成像。由于凸出的曲率有限度，因而过于靠近眼睛的物体，它的成像不能落在视网膜上。随着年龄的增长，晶状体核逐渐浓缩、扩大，并失去弹性，这时眼的调节能力就会变差，出现老视。

### 3.1.2　色彩的视觉理论

#### 3.1.2.1　杨—赫姆霍尔兹的三色学说

1807 年，杨（T.Young）和赫姆霍尔兹（H.L.F.von Helmholtz）根据红、绿、蓝三原色可以产生各种色调及灰色的颜色混合规律，假设在视网膜上有三种神经纤维，每种神经纤维的兴奋都引起一种原色的感觉。光作用于视网膜上虽然能同时引起三种纤维的兴奋，但由于光的波长特性，其中一种纤维的兴奋特别强烈。例如，光谱长波端的光同时刺激"红""绿""蓝"三种纤维，但"红"纤维的兴奋最强烈，因而有红色感觉。中间波段的光引起"绿"纤维最强烈的兴奋，因而有绿色感觉。同理，短波端的光引起蓝色感觉。光刺激同时引起三种纤维强烈兴奋的时候，就产生白色感觉。当发生某一颜色感觉时，虽然一种纤维兴奋强烈，但另外两种纤维也同时兴奋，也就是有三种纤维的活动，所以每种颜色都有白光成分，即有明度感觉。1860 年赫姆霍尔兹补充杨的学说，认为光谱的不同部分会引起三种纤维不同比例的兴奋。对光谱的每一波长，三种纤维都有其特有的兴奋水平，三种纤维不同程度的同时活动就产生相应的色觉。例如，"红"和"绿"纤维的兴奋引起橙黄色感觉，"绿"和"蓝"纤维的兴奋引起蓝紫色感觉。

三色学说的优点是能充分说明混色现象，在颜色测量和数值计算时，与试验理论符合，现代的彩色印刷、摄影、照相分色、彩色电视都是建立在该基础上的。但此学说缺点是不能解释色盲、负后像等现象。

#### 3.1.2.2　赫林（E.Hering）的四色学说（对立色彩学说）

1878 年，赫林观察到颜色现象总是以红—绿、黄—蓝、黑—白成对关系发生的，因而假定视网膜中有三对视素：白—黑视素、红—绿视素、黄—蓝视素。这三对视素的代谢作用包括建设（同化）和破坏（异化）两种对立的过程。光刺激破坏白—黑视素，引起的神经冲动产生白色感觉。无光刺激时白—黑视素便重新建设起来，所引起的神经冲动产生黑色感觉。对红—绿视素，红光起破坏作用，绿光起建设作用。对黄—蓝视素，黄光起破坏作用，蓝光起建设作用。因为种种颜色都有一定的明度，即含有白色成分，所以每一颜色不仅影响其本身视素的活动，而且也影响白—黑视素的活动。根据赫林的学说，三种视素的对立过程的组合产生各种颜色感觉和各种颜色的混合现象。

四色学说的优点是可以很好地解释颜色视觉的一些生理和心理现象，如红绿色盲、黄蓝色盲和负后像等现象。但是没有办法解释三原色能产生一切颜色的现象。

### 3.1.2.3 阶段学说

三色学说和四色学说在很长时间中曾一直处于对立状态。最近一二十年，由于新的实验材料的出现，人们对这两个学说有了新的认识，证明二者并不是不可调和的。事实上，每一学说都只是对问题的一个方面获得了正确的认识，而必须通过二者的相互补充才能对颜色视觉获得较为全面的认识。

现代科学家测定的结果证明，视觉中存在着两种机制：一是视网膜椎体感受器的三色机制（锥体细胞又分为感红、感蓝和感绿细胞）。二是视觉信息向大脑皮层视区的传导通路中所形成的四色机制。

颜色视觉过程可以分成几个阶段（见图 3.3）。第一阶段，视网膜有三组独立的锥体感色物质，它们有选择地吸收光谱不同波长的辐射，同时每一物质又可单独产生白和黑的反应。在强光作用下产生白的反应，无外界刺激时是黑的反应。第二阶段，在神经兴奋由锥体感受器向视觉中枢的传导过程中，这三种反应又重新组合，最后形成三对对立性的神经反应，即红或绿、黄或蓝、白或黑反应。总之，颜色视觉的机制很可能在视网膜感受器上是三色的，符合杨—赫姆霍尔兹的学说；而在视网膜感受器以上的视觉传导通路中则是四色的，符合赫林的学说。颜色视觉机制的最后阶段发生在大脑皮层的视觉中枢。这样，两个似乎完全对立的色觉学说，就由阶段学说统一起来，完美地解释了视觉中的色彩现象。

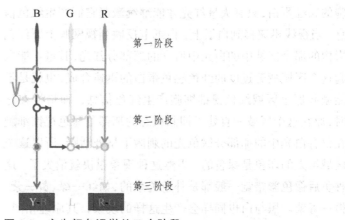

图 3.3 产生颜色视觉的三个阶段

## 3.2　色彩的错觉与幻觉

人们用眼睛可以观察外在的世界，但是眼睛所看见的是否就是真实、准确无误的呢？事实并非如此。视觉经常会造成错误的判断，在色彩现象方面也是如此。当人的大脑皮层对外界刺激物进行分析、综合发生困难时就会造成错觉；当前知觉与过去经验发生矛盾时，或者思维推理出现错误时就会引起幻觉。色彩的错觉与幻觉有时候在设计中具有非常重要的意义，设计师可以利用错觉与幻觉规律，使设计对象更好地满足人们的需求。

色彩方面的错觉与幻觉，主要有以下几种。

### 3.2.1　视觉后像

当外部刺激停止之后，视觉感觉并不立刻消失，这种现象叫视觉后像，也叫视觉残像，一般有两种。

#### 3.2.1.1　正后像

在黑暗环境下，先看一盏明亮的灯，然后闭上眼睛，在眼前的黑暗中就会出现那盏灯的明亮残影，这叫正后像。日光灯亮着的时候是闪动的，闪动的频率大约是 100 次/秒，但由于眼睛的正后像作用，我们并没有感觉到它的快速频闪。电影也是利用这个原理，所以我们才能看到银幕上物体的运动是连贯的。正后像是由在外部刺激消失的时候，视神经还尚未完成工作引起的。

#### 3.2.1.2　负后像

负后像是由神经疲劳过度引起的。当我们在白色或灰色的背景上放上一块红色图形，注视一分钟时间后将图形撤走。这时眼前背景上就会出现一块同样形状的绿色影像。这一绿色影像多次出现，最终完全消失掉。这种现象在生理上的解释为：当人们观看红色时间足够长的时候，红色视锥细胞产生疲劳，要保持这种不变的红色印象，在视网膜上映有红花的这个区域的视锥细胞的感红蛋白，只有大量红光才能继续激起它们产生红色信息。当视线迅速移到白纸上，白纸上反映到视网膜上原红花影像的那个区域中的白光中所含的那部分红光，其量不能激起这个区域疲劳过度的红色感色蛋白的迅速合成，也就是不能激起那个区域红色视锥细胞产生红色信息，而恰恰在这时，原在这个区域一直处于抑制状态的那部分绿色视锥细胞在仅有白光中的那部分绿色光的刺激下格外活跃，所以这个区域给人的印象是绿色的。当然这种现象很快就消失了。这种负后像色彩错觉一般都是补色关系的，如红—绿、黄—紫、橙—青紫。黑与白也同样会产生这样的现象，其原理相同。图 3.4 为色彩负后像实验。

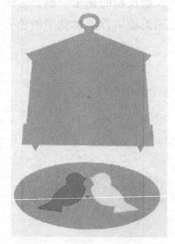

图 3.4　色彩负后像实验
——小鸟入笼

### 3.2.2 同时性效果

当我们在一块红色背景上放上一块白色时，白色会带有绿色的感觉（见图 3.5）。在一块蓝色背景上放上灰色块时，灰色呈现出橙黄色的倾向（见图 3.6）。当红色与绿色这样的补色对放置在一起时，红色显得更加鲜艳，绿色也是。两种颜色相邻的部位，这种感觉更加明显（见图 3.7）。

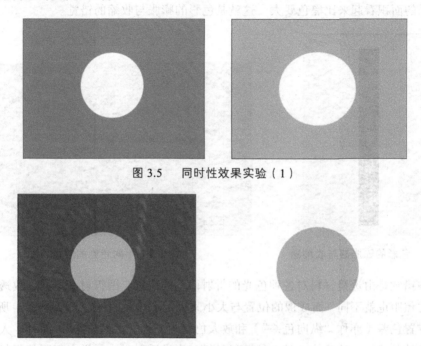

图 3.5 同时性效果实验（1）

图 3.6 同时性效果实验（2）

图 3.7 同时性效果实验（3）

这种现象产生的原因是，当视网膜上某一部位被外部光线刺激时，会同时引起邻近部位的对立反应，所以会在该色周围加强补色感觉。现实中其实任何颜色都不是孤立存在的，总是与其周围的有色物体共存，因此每一种颜色实际上都处于同时性色彩效果中。从物理意义上说，某个颜色有固定的印象，其实在视觉中是无定性的，还要看它放置于什么样的环境中。所以，同时性效果其实是最富有实际意义的色彩视觉现象。

### 3.2.3　色彩的膨胀与收缩感

当形状相同、大小相同而颜色不同的色块放置在一起比较时，可以观察到它们在视觉中的大小感觉略有不同。例如，图3.8中，黑、白两个色块放置在一起，明显可以觉察到白色的面积看起来比黑色要大。这就是色彩的膨胀与收缩的错觉。

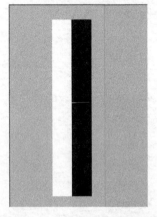

图3.8　色彩的膨胀感与收缩感

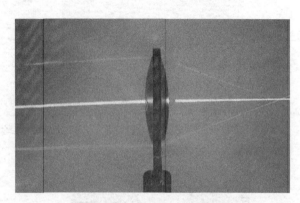

图3.9　不同色光的成像

这种错觉是由透镜材料对各种色光的折射律不同所致。因折射率不同，故透镜对各种色光的焦距也就不同，而成像的位置与大小又决定于焦距的位置（即远近），所以，色像差有位置色差（亦称"纵向色差"）和放大色差（亦称"横向色差"）两种。人的眼球中的透光的晶状体与玻璃体也是一种透射材料，当光透射时，同样有不同的折射率，焦距也有远近之差。一般情况下，波长短的冷色光往往在视网膜前成像，而且较波长长的暖色光成像小。波长长的暖色光往往在视网膜后成像，而且较波长短的冷色光成像大，故波长长的红橙色有迫近感与扩张感，而波长短的蓝紫色有远逝感与收缩感。

由于各种不同波长的光通过眼睛的晶状体后聚焦点并不完全在一个平面上，视网膜上影像的清晰度也有区别。光波长的暖色影像感觉上好像焦距不准，具有一种扩散性，因此模糊不清；光波短的冷色影像具有一种收缩性，因此比较清晰。所以我们平时注视红色时，时间一长就感到边缘模糊不清，有眩晕感；而当我们看青、绿色时感到冷静、舒适、清晰。图3.9为不同色光的成像。

色彩的膨胀与收缩感，不仅与波长有关，也与明度有关。同样粗细的黑白条纹，其感觉上白条纹要比黑条纹粗；同样大小的方块，黄方块看上去要比蓝方块大些（见图3.10）。在白底上的黑字如果太小了就单薄，看不清。如果是在黑底上的白字，那么白字就要比刚才那种黑字要小些，或笔画细些，这样才显得清晰可辨，如果与前面那种黑字同样大，笔画同样粗，则含混不清。亮着的日光灯，看起来比不亮的时候要粗，也是同样的原因。这也叫作光渗现象。

进行应用色彩设计时，为了达到各种色块在视觉上大小一致，就必须按色彩的膨胀和收缩规律进行调整。法国国旗是一个很好的例子，设计的是红、白、蓝三色条纹并列放置，开始设计宽度完全相等，但当升到空中后，感觉显得不相等了，为此专门招集色彩学家们共同研究，最后才知道这与色彩的膨胀感和收缩感有关，当三色比例调整到红 35、白 33、蓝 37 时，视觉上才感到完美（见图 3.11）。

图 3.10　黄色与蓝色的大小视觉差异　　　　　　　图 3.11　法国国旗

### 3.2.4　色彩的前进与后退感

　　在图 3.12 中，同样大小的色块依次排列，可以明显地感觉到，左侧的黄、橙、红等色块有浮动在上面的前进感，而右侧的绿、蓝、紫则有沉在下方的后退感。图 3.13 中，无论是左边的还是右边的图形，看上去都感觉黄色浮于蓝色的背景之上，而不是相反。

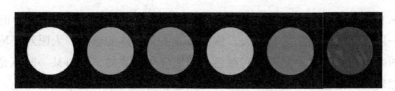

图 3.12　不同色相的远近错觉

图 3.13　黄与蓝的图案中的远近错觉

清晨，太阳只照在雪山顶上，其他山林均处于冷灰色的晨雾之中，此时橙黄色的雪山顶显得格外近，结构清晰可辨。待太阳完全升上天空，所有的山林大地均被阳光普照，此时再看雪山，一下子被推得很远很远，此时的远近才是正确的感觉。

上文中已经讲过，不同色光通过人眼晶状体的调节后，成像的距离是有差别的，波长长的暖色，如红、橙等色在视网膜上形成内侧映像；而波长短的冷色，如蓝、紫等色在视网膜上形成外侧映像，从而使人产生暖色好像前进、冷色好像后退的感觉，见图3.14。

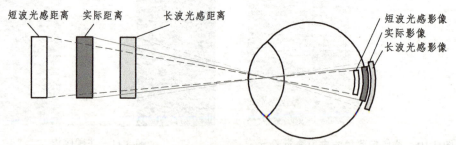

图3.14　不同色光在眼睛里的成像结果

色彩在生理上和心理上的前进与后退感、膨胀与收缩感，在设计应用中常常有重要的意义。例如，要使狭小的房间显得宽敞些，可以用后退色——浅蓝色刷墙；为了使景物背景退远些，可选择冷色；为了使近处景物突出些，可用暖色。这也是色彩的透视规律，即近暖远冷、近艳远灰、近实远虚。

### 3.2.5　环境光色适应

当人从白色日光环境突然进入白炽灯光环境时，会感觉白炽灯环境中的物体呈黄色，过了一段时间后这种感觉会消失，恢复日光下对物体的感觉。人眼对环境色刺激作用下造成的颜色感觉变化，是视觉对颜色光的适应所导致的，人对某一颜色光已经适应之后，突然转入其他色光环境中，对后者的颜色感觉趋向第一次色光的补色。例如，从白炽灯光环境进入白色日光环境，会感觉物体的颜色带蓝味。

在以上五种色彩错觉与幻觉现象中，视觉后像、同时性效果、环境光色适应有共同的特点。这说明，人的视觉对色彩永远需求一种生理的平衡，即人眼看到任何一种色彩时，总是要求出现它的相对补色。如果客观上这种补色没有出现，眼睛就会自动调节，在视觉中制造这种颜色补偿。

## 3.3　色彩对比

因为色相、纯度、明度、面积等因素的差异，色彩之间会形成各种对比，这种差异性越大，对比就越强烈。反之，色彩之间的差异性越小，色彩对比也越弱。我们将两种以及两种以上的色彩之间的差异性所形成的对比，称为色彩对比。这种相互之间产生的关系就是色彩的对比关系，影响色彩对比的因素很多。色彩对比关系的本质，即通过对比的手段强调反差，增强视觉效果。色彩的对比有其自身的特性与规律，特别是互补色对比，是色彩构成中的亮点。正是这种差异性的存在，造就了视觉中丰富的色彩关系，使我们得以看到一个五彩缤纷的世界。

### 3.3.1　同时对比与连续对比

#### 3.3.1.1　同时对比

色彩对比主要通过色彩内在的要素属性（感官色彩、界定色彩的识别基础，通常指色彩的三要素：色相、纯度、明度）和其他的外在形态（被观察色彩的时间变化、面积大小、位置关系、肌理状态和形状）来形成对比的。以上情况都是在同一时间、同一环境内发生的对比，即静态情况下的色彩对比，被观察的环境因素也相对恒定，这种色彩对比被称为同时对比。色彩的基本三要素之间产生的色彩对比基本都属于同时对比的范畴，即明度对比、纯度对比，以及色相对比。

在实际生活中，同时对比应用广泛，设计师在设计时可以通过同时对比获取很好的视觉感受，从而促进产品品质和市场美誉度的提升。

举一个简单的实例：有一个人去 4S 店购买汽车，看中了一款灰色的汽车，视觉中的灰色显得典雅、大方，有品质。可是一周之后，他感到这个灰色并没有他购买时那么好看了，失去了当时典雅的感觉。汽车的颜色完全没有发生变化，为什么会产生这种感觉呢？这是因为他选择购买的样车处于 4S 店一个黑色环境的销售展厅里。可是在实际使用中，汽车存在于一个相对灰度的空间里，同时对比发生了变化，因此觉得汽车的颜色变深了，他所中意的高级灰的感觉也就发生了变化。通过这个例子，可以看出设计师在设计展厅时，正是通过同时对比的原理和规律，提升了产品的品质，修改了观察者的色彩感觉。

#### 3.3.1.2　连续对比

连续对比与同时对比都是因为人的视觉生理条件而产生的对比效果现象，其中连续对比是指人眼在不同时间段内所观察与感受到的两种以及两种以上的颜色产生的对比。从生理学角度讲，物体对视觉的刺激作用突然停止后，人的视觉感应不会立刻全部消失，该物的映像仍然暂时存留，这种现象也称作"视觉残像"。因为是延迟后发生的对比效果，所以连续对比又被称为"后像"。而视觉残像又分为正残像和负残像两类，视觉残像形成的原因是眼睛连续注视，是由神经兴奋所留下的痕迹引发的。所以，连续对比也具有不稳定性的动态特征。

在生活中，一般都会有这样的经历：晚上在一间屋子里，突然关灯以后，眼睛看到的并不完全是漆黑一片，而是会隐约留有原先视觉中的物体的轮廓线，这就是视觉残像；随着时间推移，这个轮廓线会慢慢地消失。由于人眼吸收不到任何色彩，眼前会逐步漆黑一片。随着人眼逐步适应眼前的环境，由于一些间接或微弱的光线存在，眼睛还是能吸收到一些微弱的色彩，因此又会渐渐分辨出室内的物品来。这就是连续对比产生的最简单的视觉生理现象。

### 3.3.1.3 后 像

我们的眼睛看到一种强烈的色彩之后，这种颜色的补色会在一段时间内被看到。也就是说，后像所看的色彩是之前所看到的颜色的补色。如图 3.15，将视觉的中心放在左边绿色圆圈中央的小十字上一段时间，然后快速移到右侧空白的方框内的小十字上，会发现视觉也产生了一个相同于左侧绿色圆圈大小的一个圆，这个圆圈的颜色呈现出紫色。如果我们将图中的色彩进行反转，再看右侧黑色的空白处，也一样会看到一个绿色的圆圈（见图 3.16）。这就是后像。目光注视之前的色彩越久，后面所看的后像就会越强烈。

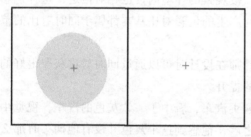
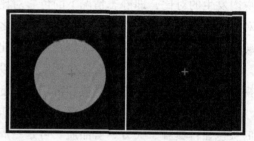

图 3.15　后像（一）　　　　　　　图 3.16　后像（二）

正残像和负残像是连续对比（后像）中的两种色彩感觉。

### 3.3.1.4　正残像

所谓正残像，是连续对比中的一种色觉现象。它指在停止物体的视觉刺激后，视觉仍然暂时保留原有物色映像的状态，这是视觉神经兴奋有余的产物。如凝视红色，将其移开后，眼前还会感到有红色浮现。通常，残像会保留一定的时间。我们看到的电影、电视就是按照这个特性被创造出来的。即每秒钟由若干个延续的画面组成，将其按帧连续播放，就可以看到一个连续完整的动态画面。

### 3.3.1.5　负残像

负残像是连续对比的又一种视觉现象，指在停止色彩的视觉刺激后，视觉依旧暂时保留与原有色成补色映像的视觉状态。通常，负残像的反应强度同凝视原有色的时间长短有关，即持续观看时间越长，负残像的转换效果越鲜明。例如，当久视红色后，视觉迅速移向白色时，看到的并非白色而是红色的补色——绿色；久观红色后，再转向绿色时，则会觉得绿色更绿；凝视红色后，再移视橙色时，则会感到橙色明度降低。当我们持续凝视红色后，把视线移向白纸，这时，由于红色感光蛋白元因长久兴奋引起疲劳转入抑制状态，此时处于兴奋状态的绿色感光蛋白元就会"乘虚而入"，通过生理的自动调节作用，白色就会呈现绿色的映像。

### 3.3.2　色相对比

在色彩的世界中，色相是色彩关系的灵魂，明度是色彩关系的骨骼，而纯度则是色彩的性格。其中色相是感知色彩的关键，之所以称色相是色彩关系的灵魂，是因为我们所认识感知的世界如果失去了色相，仅仅依靠明度、纯度去感知世界，那么世界相对会变得扁平。色相的出现，让世界有了生机。

我们把因为色彩之间的色相差异而产生的对比关系，称为色相对比。其中，三原色的色相对比，视觉效果最鲜明和强烈。有彩色和无彩色进行对比时，白色会削弱彩色的固有色，而黑色则会衬托并强调出彩色的固有色。色相对比的同时，也伴随着明度和纯度的对比。

#### 3.3.2.1　色相对比的分类

简单的色相对比可以按照色环相互之间的距离来进行分类。如图 3.17 所示，在色环中，取色范围不同，出现的画面色彩效果也将不同。

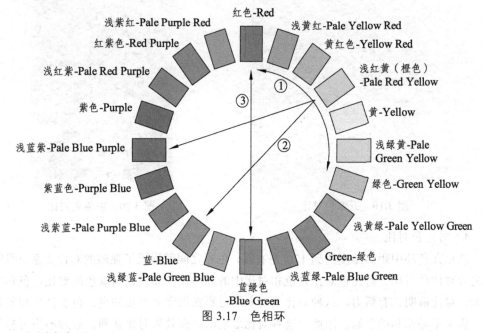

图 3.17　色相环

1）同类色对比

色相在色环中距离角度为 15°左右，色彩与色彩之间产生的对比，称为同类色对比。常用于突出色相的和谐关系，表现色相的微妙变化。如翠绿与草绿、柠檬黄与土黄之间的色相对比等。这样的对比是最弱的色相对比，因为并置的色彩之间存在绝对值的共性。这种对比下的画面感通常会显得单纯、优雅，对比关系相对比较稳定，调子统一。弱点是因取色范围狭窄而显得单调、平淡无力。如果需要加大画面的丰富层次，就需要借助明度和纯度来进行调节。图 3.18 为同类色对比图。

图 3.18　同类色对比

2）近似色对比

色相在色环中距离角度为45°左右，色彩与色彩之间产生的对比，称为近似色对比。这样的对比是色相的弱对比，如黄色与橙色之间的对比。其形成的画面感会比较统一协调、柔和、耐看，冲突性不强。在画面感需要丰富的情况下，仍然需要加大明度和纯度的对比来丰富画面层次，如图3.19所示。

3）中差色对比

色相在色环中距离角度为90°左右，色彩与色彩之间产生的对比，称为中差色对比。这是色相的中对比，如黄色与红色的对比。这种色相关系会有一定的色彩对比差异，处理得当，就不会形成色彩与色彩之间的对立关系，容易达成统一和谐，同时又不失对比变化，色彩效果较为生动和丰富，如图3.20所示。

图3.19　近似色对比

图3.20　中差色对比

4）对比色对比

色相在色环中距离角度达到120°左右时，色彩之间就形成了强烈的对比关系，我们称之为对比色对比。对比色对比是色相对比中的强对比，如黄色与蓝色的对比。色彩差异大，对比鲜明，有活力。这种对比中对立的色彩在视觉上互相冲突，色彩性格相差很大，属于不易调和的色彩。因此，这种对比形成的画面效果对比强烈，处理不当易显得凌乱，滋生烦躁情绪。对比色搭配，深受儿童喜爱，如图3.21所示。

图3.21　对比色对比

5）互补色对比

色彩在色相环中，相互之间的夹角达到 180°左右时，色彩与色彩之间就形成互补色的对比关系，互补色的对比是色相对比中最强的一种对比。最典型的补色对是黄和紫（明度的极端对比）、蓝与橙（冷暖的极端对比）、红和绿（纯度的极端对比）。在互补色对比中，两种补色并置一块，为了突出对比效果，往往要把其中一方强调出来，起支配作用；另一方则使其弱化，处于从属地位。民间谚语"绿配红，色难融；红靠蓝，讨喜难；蓝搭黄，厌没完"，说明补色对比具有强烈的视觉对比效果，它们之间的面积搭配对比一定要小心组织，否则最好的绝配也可能是最次的搭档（见图 3.22）。

互补色对比（一）

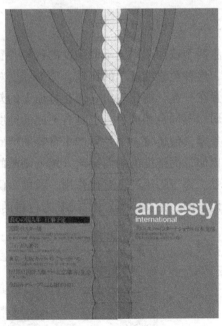

互补色对比（二）

图 3.22　互补色对比

由上可以看出，因为夹角的变化，并置的两种色彩形成了色相之间各种不同的对比关系。色相对比的强弱，完全取决于色相在色相环上的距离。

### 3.3.2.2 无彩色与有彩色的色相对比

无彩色与有彩色搭配,具有较大的实用价值。比如红色与白色、浅灰色、黑色搭配,会显得大方、典雅。无彩色与有彩色的面积形成一定的大小对比关系时,也会有不同的感受,当无彩色的面积大于有彩色时,画面感典雅、庄重、稳重;当有彩色的面积区域大于无彩色时,画面会显得活跃。图 3.23 就是一个例子。

图 3.23 通过无彩色来调整画面

## 3.3.3 纯度对比

将两个或两个以上不同纯度的色彩并置在一起,能够产生色彩的鲜艳或混浊的感受对比,这种色彩纯度上的比较,称为纯度对比。例如,一个鲜艳的纯红和一个含灰的红色并置在一起,能比较出它们在鲜浊上的差异。色彩之间纯度差别的大小决定纯度对比的强弱。不同色相的色彩也具有不同的纯度,各种色彩都具有不同的纯度,正是这种纯度的差异,使得每一种色彩产生奇特的情感和表情,这也是把纯度称为色彩的性格的原因。比如,高纯度的画面会给人留下刺激的感觉,而灰度的画面会给人留下发闷或呆板的感觉。善于运用纯度对比作用,就可以使画面产生响亮、活泼又含蓄的色彩效果,做到灰而不闷、艳而不燥。图 3.24 为色彩的纯度对比。

图 3.24 色彩的纯度

#### 3.3.3.1　纯度对比的类型

单一色相的纯度对比，是指该色相与等明度的灰进行混合而产生的对比现象。

多色相的纯度对比，是指两种或多种色相并置时，因为各色相的纯度不同，会产生鲜艳或混浊的对比感受。比如红色与绿色并置，本身红色的纯度就较高，而绿色的纯度不及红色，所以这种对比下，红色就会显得更加的鲜艳。"绿叶衬红花"，就是这个纯度对比原理在客观世界的体现。

#### 3.3.3.2　调整纯度对比的方法

要调整一个饱和度较高或者说鲜艳度较高的颜色的纯度，通过加入无彩色（包括白色、黑色、灰色）或者该颜色的补色，可以降低和改变该颜色的纯度。我们可以尝试把一种纯度为 100%的纯色同灰色相混合，按一定的比例不断增加灰色，直至完全的中性灰，就可获得一个完整的纯度变化色阶（参见孟赛尔色立体）。在这个色阶上，可以分成 9 个由鲜艳到混浊的等级，不同等级的颜色并置组合在一起，会形成纯度的弱对比、中对比、强对比。通常会把 1～3 级纯度差的颜色对比称为纯度弱对比，弱对比的画面感会显得边界模糊，没有重点；把 4～6 级纯度差的颜色对比称为纯度中对比，这样的画面比较统一；把 7～9 级纯度差的颜色称为纯度的强对比，强对比的画面中饱和度高的色彩会被强调，整个画面感会比较生动。如图 3.25 所示。

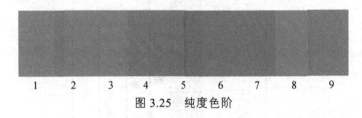

图 3.25　纯度色阶

在改变颜色纯度的时候，随着加入颜色的比例的变化，原来色相的颜色冷暖倾向会产生一定的变化，冷色会逐步产生暖的感觉，暖色会逐步产生冷色的感觉。

#### 3.3.3.3　纯度对比的基调（九大调）

色彩因为纯度差异的变化会形成强、中、弱的纯度对比，依据画面中面积区域较大的颜色纯度，产生三种不同的纯度对比基调。

我们可以尝试把一种纯度为 100%的纯色同灰色相混合，按一定的比例不断增加灰色，直至完全的中性灰，就可获得一个完整的纯度变化色阶（参见孟赛尔色立体）。我们可将色彩的纯度从灰至纯色分成 11 个纯度色阶（0 至 10，其中 0 为无彩度的灰、10 为纯色）。其中位于 0～3 色阶为灰调、4～6 为中调、7～10 为鲜调。

低纯度基调（灰调）——当低纯度的颜色在画面中占绝对比例时，会形成低纯度基调。这样的画面显得较灰，同时具有混浊、不干净不爽利的感觉。在低纯度基调中，根据附属面积颜色的纯度不同，依次分为低纯度基调的强对比、中对比、弱对比。

中纯度基调（中调）——当中纯度的颜色在画面中占绝对的主导面积比例时，会形成中纯度基调。这样的画面相对要显得耐看、平稳。在中纯度基调中，根据处于附属面积颜色的纯度差异，依次可分为中纯度基调的强对比、中对比和弱对比。

高纯度基调（高调）——当高纯度颜色在画面中占绝对的主导面积比例时，会形成高纯度基调。这样的画面显得鲜艳明快。在高纯度基调中，同样依据附属面积颜色的纯度的不同，又分为高纯度基调的强对比、中对比、弱对比这三种情况。

这三种基调中的各三种组合情况被称为纯度对比的九大调。除了上面三种基调各有各的画面感受外，强对比、中对比、弱对比也会产生不同的画面感受。

纯度强对比——无论在高纯度对比基调中还是低纯度对比基调中，因为同时出现的颜色的纯度差异较大，画面会显得主体突出、特征明显。

纯度中对比——在纯度对比的各种基调中，由于每种颜色纯度差异处于一个适当的距离，这样的颜色组成的画面就会显得层次丰富、耐看。

纯度弱对比——不管是纯度对比的什么基调，弱对比中的各个颜色的纯度比较接近，同一色相下，颜色与颜色之间都会形成融合，边界不清，会出现分辨主体无力的现象，画面感较平。因此在处理画面时，需要通过将色相和明度的差异拉大，才不会出现画面过于呆滞的感觉。如图 3.26 所示。

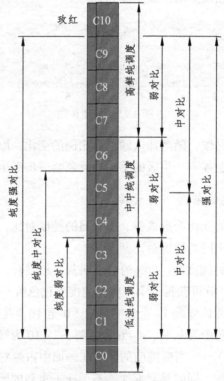

纯度对比的基调（一）

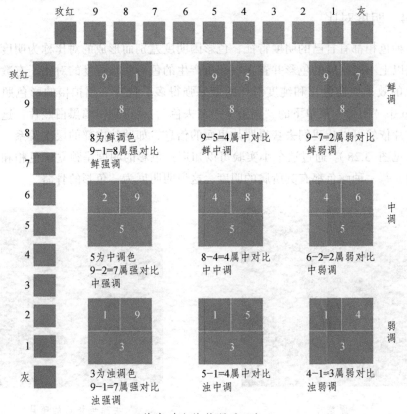

纯度对比的基调（二）

图 3.26　纯度对比的基调

　　通过上面的描述可以知道，画面中心的突出，不一定必须依靠色相解决，通过色彩纯度对比的有效搭配，也能形成比较协调并且主体明确的画面感受。并非各种鲜艳的颜色堆砌就会生动，因为人眼存在视觉补色，这些高纯度的颜色在一起也会互相排斥、互相削弱，反而使画面缺少生机和重点。图 3.27 为纯度对比示例。

图 3.27　纯度对比

### 3.3.4 明度对比

每一种色相都有自己的明度特征，色彩因明度差别而形成的对比称为明度对比，是将两个或以上不同明度的色彩并置在一起所产生的色彩明暗程度的对比。有数据显示，明度对比的效果要比色相和纯度对比的效果强得多。选择一幅拍摄的彩色照片，通过Photoshop 中"图像"菜单下的"调整"→"去色"，会得到一幅黑白照片，这幅去除了色相的照片依然可以让我们去获得照片里面的信息，如照片内部的层次关系、拍摄对象的形态（见图 3.28）。通过这个小实验可以知道：色彩的明度是独立于色相和纯度之外而存在的，每一种颜色都有其所属的明度，这说明明度为"色彩的骨骼"。

原照片        去除色相后的照片

图 3.28 色彩的明度

#### 3.3.4.1 明度对比的特征

由于明度具有独立性，任何两种或两种以上颜色在一起，都会产生明暗关系，产生明度对比。换句话说，只要颜色不同，就有明度对比的存在。当纯度相同时，明度较高的颜色处于明度较低的颜色中，明度高的颜色会显得更加明亮。比如一块绿色叠放在一块橙色上，两者纯度一样时，橙色具有比绿色明亮的感觉；如果将橙色叠放在同纯度的绿色上，明度较高的橙色也会显得更加明亮。如图 3.29 所示。

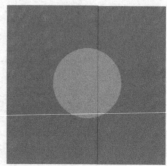

明度对比（一）

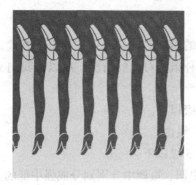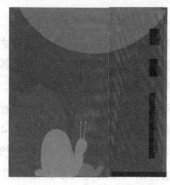

明度对比（二）

图 3.29  明度对比

在色彩世界里，色彩的层次只要依靠明度对比来拉开。在美术学习中，水彩画就是这种层次展现的最好说明，各种含水较多的稀薄的颜色因为明度不同，依然会形成层次丰富的画面，画面中的暗调部分正是依赖某些颜色所具有的明度特征来体现的。明度低的色彩会具有后退感，而明度高的色彩有向前进感，画面的层次被拉开，显得更丰富。这是色彩对比中很有用的一种对比方法。

因为明度对比而产生的轻重不同的感觉，也会影响到画面的清晰度，明度差越大，清晰度越高。因为人眼会很容易识别和认识到明度较高的色彩，明度高的颜色很容易在明度低的色彩中突出其形态，从而使得画面更加清晰。反之，如果要降低一种颜色在画面中的突出地位，可以通过缩小颜色间的明度差，这样相互间的清晰度也会降低。在画面一定距离之外观察这两种情况，就会轻易地发现清晰程度的变化。

### 3.3.4.2  明度对比的基调

与纯度对比一样，也可以对明度进行强弱划分，不同的明度搭配会形成不同的对比感受。如图 3.30 所示。

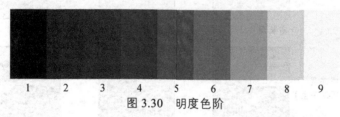

图 3.30  明度色阶

低明度基调：在明度色阶中，画面的颜色明度由 1~3 的色阶组成，这样形成的画面基调被称为低明度基调。这样的明度对比基调会呈现厚重的感觉，因而会形成压抑、孤独，甚至恐惧的感受。

中明度基调：在明度色阶中，画面颜色的明度由 4~6 的色阶组成，这样的画面基调被称为中明度基调，中明度对比的基调给人一种平实、稳定的色彩感觉。

高明度基调：在明度色阶中，画面颜色的明度由 7~9 级的色阶组成，这样的画面基调被称为高明度基调。高明度基调的色彩亮丽、活跃，组成的画面柔和而且轻松。

### 3.3.4.3 明度对比 9 大调

在现实的色彩世界中，颜色与颜色之间的明度对比具有多样的组合方式，常常会出现高明度与低明度或者中明度与低明度等多种组合对比的情况。所以，我们又可以将明度对比的情况归纳为长调、中调和短调。

长调：明度对比差异大，明度差级在 7 级以上。

中调：明度对比中等，明度差级在 4 ~ 6 级内。

短调：明度对比差异较小，明度差级在 3 级以下。

按颜色组合的明度对比关系，在长调、中调、短调中分别划分成强中低的关系，一共可以划分成 9 种情况，这也就是我们常说的明度九大调。这具体的 9 种情况如图 3.31 所示。

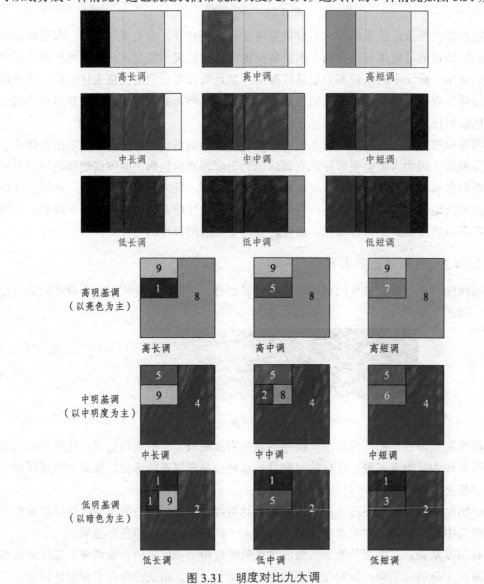

图 3.31　明度对比九大调

高长调：高明度的颜色为主，其他颜色差异属于长调（7 级以上）对比，这样的画面明度对比强烈，色彩感觉刺激、热烈。

高中调：画面主体颜色明度较高，其他颜色属于中调（4~6 级以内）对比，且颜色的明度色阶向高明度一端靠近（4~9），色彩感觉明快活泼。

高短调：画面主体颜色的明度较高，其他颜色之间的明度差级继续缩小，更加接近明度色阶高明度的一端，色彩感觉柔和鲜亮，但容易苍白。

中长调：主体颜色以中明度的颜色为主，其他颜色明度对比属于长调（7 级以上），色彩感觉明确果断，而且有力。

中中调：画面主体颜色以中明度的颜色为主，其他颜色接近主体颜色的明度，且明度对比属于中调（4~6 级以内），色彩感觉丰富、温和。

中短调：画面主体颜色以中明度的颜色为主，其他颜色接近主体颜色的明度，且明度对比属于短调（3 级以内），画面色彩感觉朴实无华，但容易呆板。

低长调：画面主体颜色以低明度的颜色为主，其他颜色差异属于长调（7 级以上），色彩感觉深沉、庄重。

低中调：画面主体颜色以低明度的颜色为主，其他颜色接近主体颜色的明度，且明度对比属于中调（4~6 级以内），色彩感觉低沉、肃穆。

低短调：画面主体颜色以低明度的颜色为主，其他颜色接近主体颜色的明度，且明度对比属于短调（3 级以内），色彩感觉虚幻、忧伤。

明度九大调是色彩世界关于明度对比的基本规律，在不同画面出现会带来不同的色彩感觉，建立起该画面的基本骨骼。同样，该规律特征也适合无彩色的画面。

人的视觉对于明暗对比极其敏感，在色彩构图中，突出形态主要靠明度对比。色彩的层次、形状和空间关系主要是靠色彩的明度对比来实现。我们常常通过明暗对比手法塑造空间中的形体结构关系，表现形体的质感、量感和体感。图 3.32 为明度对比示例。

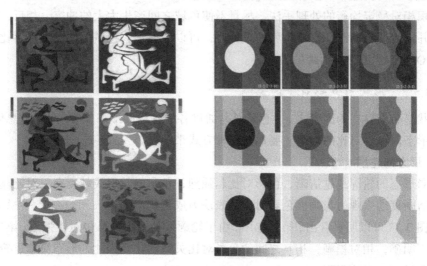

图 3.32　明度对比

### 3.3.5　面积、形状、位置、肌理与色彩的对比

色彩总是通过一定的面积、形状、位置和肌理表现出来，每一种颜色总是以面积的大小、形状的轮廓与方向、色的分布等因素出现。所以，除了色相、明度、纯度之外，以上这些因素也能带来色彩差异的感觉。人的视觉接触到这些存在的客观因素时，会因人眼特殊的生理特征或视觉经验而形成不同的色彩感受。比如，人的视觉通常习惯把中心停留在画面上部三分之一的地方，这个位置的颜色因为这种视觉经验和视觉特征，色彩感觉会被加强；相反，在画面下方的颜色就需要调整其他影响色彩对比的因素才能引起视觉的重视。

#### 3.3.5.1　面积对色彩对比的影响

同一种色彩在画面中所占的范围或色彩的总和被称作色域。色域之间的面积大小和差异就是色彩的面积对比。这种面积对比会产生不同的对比效果和对比感受。

假设有两个画面，只有两种颜色，一个画面中色域均等，另一个画面中的色域比例为 2：1，就会产生下面的色彩感觉：色域均等的画面由于色彩对比的互补作用，会抵消一部分色彩作用力，色彩的力量反而降低了，而且颜色与颜色之间没有主次，会形成激烈的冲突，画面无法和谐。相反，色域有大小变化的画面，有主从关系，由于色彩之间的补偿规律，色域小的一方会衬托出色域大的一方的色彩性格，但色域小的颜色又会因为色域大的颜色的压迫和包围，产生自发的抗争。这样，色域小的颜色会显得生动，因为这种对比规律也会让小色域的颜色得到加强，属于共赢，所以这样的画面力量和生动性远远强于色域均衡的画面。这样的色彩面积对比既和谐，也富有张力。

任何色彩的效果如果离开了相互间的色域面积对比都将无法讨论。有时候对面积的考虑甚至比色彩的选用还要重要。根据以上色域对比的规律特征，设计师可根据需要来运用。如果需要营造相对安静的环境，除了色相、明度、纯度的因素考虑外，可以选择色域面积相对稳定均衡的处理手法，尽量不使色域之间产生太大的冲突。相反，需要突出的，并且需要有动态、富于生气的设计时，可以考虑加大色域之间的大小对比关系，如 LOGO 设计、道路指示牌的设计等。

#### 3.3.5.2　形状对色彩对比的影响

形状是色彩存在的因素之一，色彩总是通过各种各样的形态来表现出来。总体而言，颜色的形态对色彩对比的影响主要通过三种方式来体现。

1）形态的轮廓

色彩形态的轮廓线越清晰，色彩对比越强烈；色彩的轮廓线越复杂，对比越弱化。轮廓线清晰度的表现力与画面色彩对比的表现力成正比。

从图 3.33 可以明显看出，第一幅图，由于轮廓线的清晰而显得对比强烈；第二幅图，轮廓线不明确，相对模糊，相互之间的色彩对比关系弱化。因此，形态简单、轮廓线清晰的色彩搭配，对比强烈。

2）形态的动静态势

色彩形态的动静势态对比越强烈，色彩对比也越强烈。当并置的颜色的形状相对稳定时，相互之间的状态也会稳定。当形状动势较强时，相互之间的色彩对比也会增强。比如，对比一方的颜色边缘为流动的曲线形，就会比边缘为直线的色彩强烈（见图3.34）。

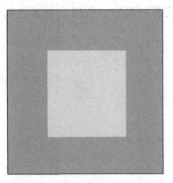

图3.33　形态轮廓对色彩对比的影响

图3.34　形态的动静态势对色彩对比的影响

3）形态的聚合分散

色彩的形状越集中，色彩对比越强烈；色彩形态越分散，对比效果越弱化。如图3.35所示。形态简单与形态复杂的颜色对比，对比的效果会增强；而复杂的形态搭配复杂的颜色，由于补偿的特征，则画面对比效果降低，且画面会显得杂乱无章。

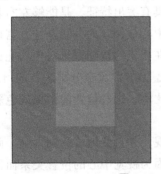
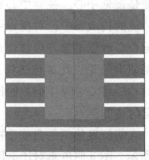
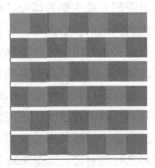

图3.35　形态的聚合分散对色彩对比的影响

### 3.3.5.3 位置对色彩对比的影响

不同的颜色并置时，相互之间的距离越远，对比就越弱化，因为远处的物体会因距离而变得模糊；相隔的距离到了一定的程度时，颜色之间会很和谐。但是，相近到一定程度后对比会很强烈。如果颜色之间的位置特别接近，相近色之间会变得调和，对比会弱化，而对比色由于色彩补偿的原因，也会抵消一部分。所以，色彩之间的位置变化也会带来色彩对比的变化，如图 3.36 所示。

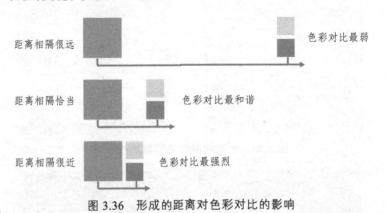

图 3.36　形成的距离对色彩对比的影响

但是，随着颜色与颜色之间的接触越来越深入，颜色之间的对比也会越来越强烈。当颜色之间的位置恰当时，会和谐；当颜色相互接触时，对比增强。当颜色相切入的时候，色彩对比更强；当一方颜色包围另一方颜色时，色彩之间的对比最强。如图 3.37 所示。

　　　相隔　　　　　　相连　　　　　　相切　　　　　　包围
图 3.37　形态的位置关系对色彩对比的影响

由于人眼具有视觉生理特征，我们在观看的时候会有一个视觉中心。在平面图案中物象最强烈、最主要的部分，便是视觉中心。视觉中心具有突出特征，是能够左右观看者对画面认识的核心元素。在传统的构成当中，对视觉中心最保守的办法是"九宫格"法，线条交汇的位置往往是视觉中心理想位置，包括现在相机的智能取景对焦功能也是参照此法则。当然，还有其他的研究结论，比如自然界遵循的"黄金分割法"的 1.618位置，也有现代设计中常采用的"根号 2"即 1.414 的比例，这些位置的图像或色彩都会被强调、效果被放大，是视觉传达的焦点。

按照这个特殊的视觉原理，这些位置的颜色会被重视，并自然地传达到大脑，而强化色彩之间的对比。如图 3.38 所示，图 a 的色彩对比会因为视觉中心的位置关系而得到强化，其他 3 幅图示的色彩对比要弱于第一幅图。

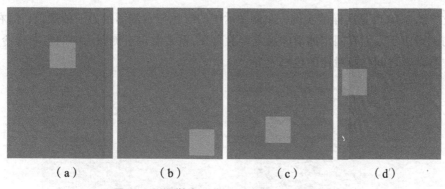

（a） （b） （c） （d）

图 3.38 视觉中心位置对色彩对比的影响

#### 3.3.5.4 肌理对色彩对比的影响

肌理是指物体表面的组织纹理结构，即各种纵横交错、高低不平、粗糙平滑的纹理变化，是表达人对设计物表面纹理特征的感受。

人们对色彩的感受来源于光线，肌理平滑的反光强，所以物体的固有色感受会减弱。比如浅绿色玻璃，在反光情况下，大家几乎认为他是透明无色的；而表面肌理粗糙的物质由于吸收光源的能力强，其自有的颜色也会被强调。比如"将军红"的石材，这种石材其实并不是红色，而是棕褐色，人们习惯将其理解成红色。肌理的粗糙与平滑程度会造成色彩对比的差异。

肌理细腻的颜色，相互间的对比弱，显得干净舒雅；肌理粗糙的颜色，相互间的对比会增强，会显得热烈一些。如图 3.39 所示。

图 3.39 肌理对色彩对比的影响

另外，在观看过程中，还会存在一个虚拟视觉的影响。人们由于在日常生活中对某一类肌理物质积累的经验，对设计中的材质会带有一些固定的触觉，自然而然地会把这些经验带入视觉中，这些对肌理的触觉经验形成了一个虚拟视觉，虚拟视觉会渗透到实际的色彩视觉中，造成影响色彩对比感受的差异。比如铁锈色，虽然从色彩的角度属于偏暖的色彩，但由于其冰冷的物理属性，该颜色的色感会向冷转变，从而带来色彩对比的变化。图 3.40 也是这样的实例，左侧图示中的红色与右侧图示为一种颜色，但右侧图示中的绸缎由于人们有固定冰滑的触觉经验存在，就会觉得右侧图示中的色彩会冷一些，造成左右两者之间色彩对比的色感差异。

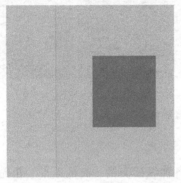

图 3.40　肌理对色彩对比的影响

肌理是一种处理画面的方法，在现代设计中越来越多地被应用。尤其是邻近色的肌理对比会很好地丰富视觉的感受，增加审美的乐趣，同时也降低了画面的单调和呆板感。如图 3.41 所示，因为肌理对比的存在，画面耐看了许多。

图 3.41　色彩的肌理对比

## 本章小结

由于色彩现象不仅由客观的物理因素决定，还受到人的视觉生理特点的影响，所以人的知觉对色彩世界的反映并不总是客观的、准确的，于是有了种种错觉与幻觉现象。本章对它们发生的原因和主要规律作了介绍，色彩的错觉与幻觉在设计应用中有非常重要的意义。

色彩的色相、明度、纯度、面积等因素的差异，会形成各种对比，差异越大，对比就越强；差异越小，对比就越弱。色彩的对比有其自身的特性与规律，正是这种特性的存在，造就了视觉中丰富的色彩关系。

## 思考与练习

1. 为什么色彩会有膨胀与收缩、前进与后退感？
2. 在生活中或资料上找出典型的例子，说明色彩错觉与幻觉的应用。
3. 思考并表现明度和纯度对比的不同调式。
4. 色相对比练习：从各种色相对比中任选强弱不同的两种进行构成练习。
5. 明度对比练习：选择明度强弱两种对比效果进行构成练习。
6. 纯度对比练习：选择纯度强弱两种对比效果进行构成练习。

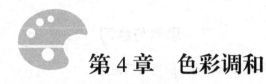

# 第4章 色彩调和

前面已经说过，色彩的"对比"与色彩的"调和"在色彩世界中是辩证统一的关系，最终是为了视觉和谐，引起人们的共鸣，这也是色彩对比与调和的意义所在。

## 4.1 调和的概念

色彩是观感世界中关于"美"的一种学问，也是美学的一部分。"美学"一词来源于希腊语 aesthesis，最初的意义是"对感观的感受"。在设计中，设计师的目的是让人们感受到"美"。那么，什么是色彩的调和？

"调"，有调整、调理、调停、调配、安顿、安排、搭配、组合、协商等意思。

"和"，有和谐、和平、融洽、适合、恰当、和谐、有秩序、有条理之意。关于"和"字，许慎的《说文解字》中道，和，相应也。"和"在古汉语中为"龢"，其中左边的"龠"（yuè）字，为一种三孔乐器，上面的亼（jí）字意思为集合，中间的"三口"意为众，即多人同吹乐器，节奏一致，旋律和谐，谓之"和"。和谐的声音也被称为"天籁"，可见"和"是一种美妙的关系。

在设计中，调和中的"和"是指对立事物之间，在一定的条件下，相对辩证统一，是不同事物之间相同相成、相辅相成、相反相成、互助合作、互利互惠、互促互补、共同发展的关系。

调和，可以理解为将不同的元素加以动态调整与组合，使其能够产生动静相宜、和谐的视觉美感。在色彩构成中，通常认为，将两种或两种以上的色彩，通过一定的方法组织和配比，依照色彩美的基本法则进行协调和组合，以求达到和谐统一的色彩美的状态，我们将这一过程称为色彩的调和。

如何搭配出恰当、和谐的色彩关系，是每个设计师在进行色彩方案考虑时需要重视的问题。色彩的视觉美感是由色彩关系的和谐程度来决定的，和谐与否可以直接导致作品的成败。

我们通常认为，优秀的色彩调和作品，充分体现出色彩的多种生动、活泼的对比关系。反过来说，对比的最终目的，就是实现色彩关系的和谐与统一。因此，调和的前提是对立，对立的目的是吸引观众，我们需要将具有明显差异的诸多元素进行刻意安排，协调彼此间的关系，使之最终达成和谐的视觉效果。

在具体的设计过程中，首先我们可以将对比、差异当成手段，故意制造矛盾，创设刺激，制造色彩的"险境"，以此为基础，采取调整、组织等多种手法进行"救险"，将这些矛盾的因素加以协调，达到最终的和谐效果。因此，在某种程度上来说，对比与调和是密不可分的孪生关系。

从广义上来看，色彩和谐统一的美，我们可以通过观察大自然美丽的风景来获得视觉的体验。在春花烂漫时节，满树簇团开放的樱花，是怎样一种视觉享受啊！如果仔细观察，可以发现樱花的色彩显现出微妙的层次变化。倘若天晴，以蓝天为背景，大面积高明度粉红的花，以线的形式穿插其中赭石色的树干，路上穿着各色衣服的行人类似点的构成。这些天然的因素组合在一起，构成一幅协调的美的色彩画面。大自然中若干种植物，以绿色为代表，有新生的嫩绿、生长中的翠绿以及即将枯黄的老绿，这一系列美妙对比的绿，构成了一幅绿调子的和谐统一。类似的例子不胜枚举。

从狭义上来看，色彩和谐统一的美，取决于人们的审美水平和习惯。不同地域的人对色彩的审美需求存在差异，不同年龄、性别以及不同文化水平和阅历的人，亦有明显的差异。举个简单的例子，以儿童和老年人这一组年龄极端的人群为参照，通过调查分析，可以找到他们截然不同的色彩审美要求。相对来说，儿童更倾向于原色的搭配，因为原色色彩明确、鲜明，儿童易于辨认和记忆，原色的搭配组合也符合他们天真烂漫的性格特点，大量的儿童产品都体现了这一色彩特点。老年人则相对更倾向于中庸的、平和的色彩组合，类似的色彩在其相关消费产品中亦有体现。当然，其中也存在性别差异和文化水平差异导致的色彩审美差别。

因此，色彩的调和美，既具有共性的因素，也具有个性的因素。

设计师在把握色彩和谐的共性前提下，应当结合实际，充分考虑到个性审美需求差异的因素，在进行色彩搭配设计时，做到满足消费群体的视觉审美和心理需求。

有经验的摄影师在创作时，通常会选择清晨或傍晚拍摄照片。因为光线是个绝佳的调和因素，它可以将若干充满对比的形态加以协调，使之和谐。例如，傍晚拍摄景物，夕阳西下，自然界的万物都披上一层金红，使得原来自然界的固有色发生了奇妙的变化，蓝色的天空因为金红色的加入由近及远呈现出蓝紫过渡的变化，原来的白云变成了红红的火烧云，这时候呈现出来的画面色彩是充满丰富变化的，完美地达到了视觉的激情刺激与和谐的高度统一。

在色彩设计中，不论采用怎样的对比手法，最终目的都旨在创造出一种和谐美观的色彩效果。这需要我们平时多观察和体悟自然。比如在季节更替时，在不同的天气环境下，通过观察和分析，发现色彩渐变的绚烂或朴素的美。莫奈在创作《草垛》的过程中，以一个艺术家独特和敏锐的视觉感受捕捉到了光影的魔力，用画笔充分展现了色彩的魅力。在学习色彩的阶段，我们可以通过阅读分析各个优秀的色彩作品案例，从中领悟和总结色彩的协调美。

和纯绘画艺术不同，各种门类的设计更强调色彩与功能的和谐。因此，消费者对于色彩的视觉和心理需求成为设计师首先需要考虑的问题。色彩与产品的使用功能相比，具有"先色夺人"之优势。好的色彩设计深得人心，甚至能促进产品的销售。因此，色彩在产品的设计中，具有举足轻重的作用。消费者群体对色彩的要求，设计师应该谙熟于心，并以此为参考，进行开发引导式的色彩设计，以满足消费者对颜色的实际视觉与虚拟心理的需求。

调和是达到和谐的色彩关系的手段，色彩的调和具有以下特点。

① 有对立，能统一。

② 由一种媒介进行沟通或缓冲。

③ 有秩序，有节奏。

④ 符合视觉对美的需求。

⑤ 关系与作品形象是统一的。

⑥ 与作品内容是统一的。

⑦ 与设计功能是统一的。

⑧ 与审美需求是统一的。

## 4.2 调和的原理

在视觉经验中我们发现，调和的色彩总能给我们带来美的视觉享受。从这些调和的色彩中，可以归纳出一些特点，这些特点就是调和的原理。

### 4.2.1 由对比产生的调和

根据前一章色彩的对比内容中提到的色相、明度、纯度等因素的对比要素，我们可以将色彩的调和按照不同结构划分成不同的调式，以方便我们从中寻找到潜在的规律。从色彩视觉的生理因素来看，人在观看某种颜色时，总是会自觉地寻求与此相对应的补色来取得生理视觉上的平衡。因此，互补色搭配在一起时，是调和的。伊顿说："眼睛对任何一种特定的色彩同时会要求它的相对补色，如果这种补色还没有出现，那么眼睛会自动地将它产生出来。正是靠这种事实的力量，色彩和谐的基本原理才包含补色的规律。"色彩的色相、明度和纯度，以及冷暖等要素存在差异，它们可以构成不同结构的调和效果，产生不同的调式，给人以不同的视觉信息和心理感受。

### 4.2.2 由秩序产生调和

我们生活在自然界，不可避免地会受到自然色调配色的影响，因此会潜移默化地形成独特的视觉色彩习惯和色彩审美特点。光源照射于物体之上，会产生微妙而有秩序感的变化。同样，万物的生长，也向我们展示了"规律、秩序"的一系列变化现象。人从出生开始，经历童年、少年、青年、中年、老年，直至死亡，这个过程缓慢而递进，有很强的连续性和秩序感。因而人们看到有渐变秩序关系的色彩，会由衷地产生亲切的好感，正如人们习惯看见自然界中的动植物从幼至老的缓慢变化过程一样。观察盛开的花卉，我们同样可以发现造物主的神奇，花瓣的色彩常常会产生由深至浅的微妙的规律变化，这些都是利用秩序感产生调和的典型范例。在色彩构成中，我们可以根据上述秩序感产生和谐美的特点，参考色相环和色立体，将色彩设计成渐变推移的效果。这种方法多被运用在平面设计中，其鲜明的秩序感可以制造出画面的色彩调和现象，给人留下深刻的视觉印象。

### 4.2.3 由律动产生调和

视觉经验告诉我们，过分强调对比和冲突的色彩组合会刺激我们的眼球，容易使人视觉疲劳，精神紧张，烦躁不安；过于暧昧的色彩组合，又容易失去性格特征，导致平庸、乏味，提不起欣赏的兴趣，更不用说看后留下深刻的印象。因此，如何把握好度，如何在配色中表现出颜色的律动，是我们需要多加实践和不断揣摩的。

### 4.2.4 由均衡产生调和

色彩的调和与色彩的三要素有直接的关系。同时，为了满足视觉中色彩的均衡，调和的色彩也一定与形态、面积、冷暖的比例息息相关。在同一幅画面中，强烈刺激的颜色的面积要小于温和弱化颜色的面积。画面中同时出现冷色和暖色的对比时，需要根据创作的主题，将一方作为主导色，将另一方作为从属角色，用主次分明来构成色调，形成视觉中的均衡，追求和谐的效果。在色彩面积对比中，对比各色的面积越大，调和的效果越不明显；面积越小，调和的效果越强。这可以说是对比各色面积的悬殊造成不同的对比效果。我们常说的"万绿丛中一点红"就是色彩面积的调和。

### 4.2.5 由"约定俗成"的惯例产生调和

在不同的民族、不同的历史时期，甚至在不同的地域，人们的审美特征是不同的。从共性来讲，从色彩的心理暗示理论来看，人们对于不同色相的暗示有普遍统一的标准。例如，黑色会给人力量、阴暗、死亡等认知感觉，白色会给人纯洁、轻盈、疏离等认知感觉。当大面积接近黑色的颜色布满画面时，人们会感觉心理的沉重和压抑，长时间注视，可能会给人带来悲观、消极、颓废和紧张的负面情绪。若长时间待在大面积红调子构成的环境里，人会被烦躁和不安困扰。因此，色彩对人的心理起着至关重要的作用。谁也不会选择将家里的餐厅墙壁全部刷成忧郁而冷清的蓝色，也不会将需要安静睡眠的卧室墙壁刷成刺目和血腥的大红色。长期以来，人们在日常生活中，对于色彩的需求，已经形成了约定俗成的看法。设计师应当了解和尊重人们的审美经验和习惯。

传统意义上的色彩，对于人们的审美有显著的影响。从传世的艺术作品中，我们可以学习汉代的"红"，学敦煌石窟壁画的色彩美，学不同国家、不同民族乃至不同地域的色彩在设计中体现出来的美。

通常，我们按照惯例，在以"环保""节能""安全"为主题的设计中，会采用绿色为主导色。在以"热情""吉祥""喜庆"为主题的设计，会采用红色为主导色。

在学习色彩调和的具体过程中，我们可以借鉴大量的工艺作品色彩进行归纳和总结，从中提炼出若干种色彩调和的特征，为色彩的再表现和再创造提供可靠的依据。

## 4.3　调和的分类

根据色彩调和的原理，我们可以将调和进行简单的分类。

### 4.3.1　共性调和

共性调和，是指在色相、明度、纯度中因某种内在的共同因素，避免和缓冲了过分刺激的色彩对比，并取得色彩调和结果的一种有效方法。具体分类如下。

#### 4.3.1.1　以同一种颜色为媒介

在彼此性格相对矛盾的颜色中，采取混进同一种颜色的方法，使得一对原本性格特征突出的色彩，有了内在联系，产生某种共性，消除极端的矛盾，构成亲和的局面。除此以外，还可以采用任意一种颜色，对过于跳跃和矛盾的色彩进行点缀，或利用黑白灰和金银中任意一种无性格色对画面进行包围、勾勒或分割，起到强烈色彩之间的隔离作用，缓冲和削弱画面的强视觉刺激性。这样，既保证了画面充满个性的色彩活泼效果，又达到和谐美观的构成效果，各种性格极端的色彩得以和平共处。

#### 4.4.1.2　以同一种明度（纯度）为媒介

在一组色彩设计中，如果色彩语言过于复杂，我们可以在对比各色中混入黑色、白色或灰色，降低或提高原有色彩的明度和纯度，削弱原有色彩的个性，从而达到一种视觉上的和谐美感。当然，我们首先要明确轻重色调的正确使用环境，合理地运用该法则，从而达到预期的理想效果。

#### 4.4.1.3　以同一种冷暖结构为媒介

在色彩对比中，我们知道冷和暖的色彩是极端对比的关系。当他们处于同一画面中，并且面积接近时，会因色性的不同而产生视觉上的冲突。在冷暖色性中，分别以橙红色和蓝绿色为代表进行分析，以橙色和红色为代表的暖色给人感觉温暖、亲切，可以营造出温馨或者热烈的气氛。以蓝色和绿色为代表的冷色给人感觉寂静、冷清、严谨，可以营造出清凉和静心的色彩氛围。当作品中冷暖颜色混杂、比例接近的时候，会给人杂乱无章的视觉效果，色彩语言的多样化，反而容易造成视觉上的混乱和心理上的烦躁。因此，可以根据实际需求，将色彩加以整合，确定冷或暖的基调，达到视觉和谐的目的。

### 4.3.2　近似调和

近似调和强调色彩要素中的一致关系，追求色彩关系的统一感。具体分类如下。

#### 4.3.2.1 同类色调和

同类色在色环中相互距离接近，属于近似而不易区别的色相，并置在一起可形成弱对比色调，能够融为一体，给人以和谐秩序的调和感，具有柔和、雅致的优点，如自然界的树冠和花瓣的颜色（见图 4.1）。

图 4.1 同类色调和

#### 4.3.2.2 近似色调和

类似的双方色彩因接近而相似，其特征在于色与色之间与同类色相相比，有了变化，存在的差异性，不至于形成冲突，不容易产生单调和乏味的感觉。这种色彩组合在色环上的距离夹角在 30°到 60°，其中至少有一种色彩是间色或复色，两色之间由相同或类似的色相进行过渡，这样的色彩关系显得很和谐。如晨曦或夕阳中风景的色彩效果，如图 4.2 所示。

图 4.2 近似色调和

### 4.3.3 对比调和

对比调和又称为对比色调和，这样的色彩组合关系既强调变化又要实现统一，不依赖各要素的一致，而借助某种秩序组合来实现。由于对比色的差异大，调和后的色彩比类似调和更显得生动活泼。在对比调和中，以互补色、对比色调和为例，这两组对比，在色环中相互之间的夹角处于 120°到 180°之间，属于高对比度，因为色彩关系冲突明显，因此较难驾驭。依据上面的调和原理，需要采用加入同一性元素或进行面积、形状等方法处理，来达到调和色彩关系的目的。在具体设计中，需要注意主次分明、虚实相生、强弱从属，如此方可产生强烈而又和谐的效果。从色彩视觉角度上看，互补色的配合本身具备达到调和的条件，这是由于视觉在接受某一色时，常会需求其相对的补色来取得视觉生理平衡。

### 4.3.4　几何调和

几何调和是指在伊顿色相环上位于等腰、等边三角形和长方形、正方形等几何形体顶点上色相之间的调和手段，是一种按照色相环上的几何位置来确定调和的效果。它包括三色调和、四色调和和多色调和。

#### 4.3.4.1　三色调和

将色环中的三种颜色进行连线，会形成一个三角形，其中等腰三角形的色彩关系比较稳定，呈现既有对比又有调和的和谐状态，其中等边三角形是极致体现。若将三色旋转混色就成为无彩色，这种配色关系能够得到平衡的视觉感受，如图 4.3 所示。

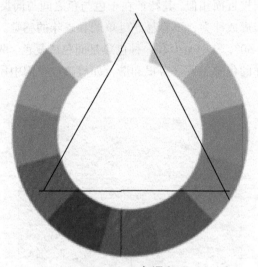

图 4.3　三色调和

#### 4.3.4.2　四色调和

其又称矩形关系调和。色环中四种颜色的连线形成一个矩形，这样的色彩关系比较和谐，不会出现太过激烈的对比冲突，而且会有很好的冷暖平衡关系。其中正方形是这种四色关系和谐的极致。四角配色常见的有红、黄、蓝、绿及红、橙、黄、绿、蓝、紫等色。这几种配色常见于中国传统民间工艺，如风筝、刺绣、剪纸、皮影、年画等，如图 4.4 所示。

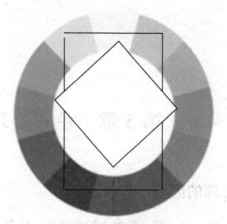

图 4.4  四色调和

通过以上对色环中色彩的分析可以知道，色环是进行色彩搭配和调和的基本工具。

### 4.3.5  推移调和

在色相、明度或纯度的对比出现较为混乱或刺激的局面时，可以通过色阶渐变的方式使画面上的色彩有秩序地推移，如等差或等比，达到一种充满节奏的调和效果，这就是推移调和。推移调和可分为层次分明的渐变调和和衔接自然的晕色调和。

### 4.3.6  重复调和

重复是构成形式法则中一种常见的设计手法，就是将两种或多种色彩的搭配作为一个单元，将其反复排列，以增加调和效果，这样的方法称为重复调和。这种方法广泛应用于平面设计领域。

在设计中，运用好色彩之间对比调和的关系是设计师提升视觉表现力的重要素质。好的色彩设计，一定是和谐统一的色彩关系，是耐看的、可回味的。协调的色彩关系有内在秩序，以人为本，无声地表达情绪和传递人文精神，同时能够满足具体功能的商业需求。

在这样的时代环境中，设计师应当紧跟时代的潮流，充分尊重市场的需求，在设计中因势利导，参考传统色彩审美习惯，大胆利用流行色彩元素，设计出精彩的色彩作品。

## 本章小结

本章介绍了调和的概念、原理以及分类，以便在实践中灵活运用。

## 思考与练习

1. 如何理解色彩的对比与调和的方法以及彼此之间的关系？
2. 探讨和发现色彩的对比和调和在现代产品设计中的应用。

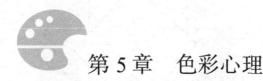

# 第5章　色彩心理

## 5.1　影响色彩心理的因素

色彩影响人们的衣、食、住、行，影响人们的感知、注意、情绪、情感、思维、想象，从而使人们形成不同的色彩心理。色彩能够唤起人们自然的、无意识的反应和联想，这种心理效果源于经验，这些经验是我们的经常体验，以至于成为我们内心世界的一部分。影响色彩心理因素主要有年龄、性格、社会文化心理等。

### 5.1.1　年　龄

据实验心理学研究，不同年龄的人有不同的生活经验，因此对色彩产生的感觉等也不同。人类最初对色彩发生感觉大约是在出生后1个月，伴随着年龄增长、生理及心理的逐渐成熟，人类对色彩认识和理解的能力也会提高。例如，儿童大多数都喜欢比较鲜艳如红色、绿色、黄色、蓝色和橙色等原色调颜色，这在很多儿童画里都有所体现，如图 5.1 所示。而白色、黑色和灰色，儿童画中则很少用到。青少年好奇心强，喜欢潮流时尚的商品，一些夸张的色彩都能被他们接受。中老年人，由于生活经验的积累，有丰富的精神生活及内心世界，除了来自生活的联想以外，还有更多的文化因素左右他们对色彩的喜好，一般比较注重色彩优美而不失典雅、大方且整洁的商品。不同年龄段的人的色彩偏好如表 5.1 所示。

图 5.1　儿童画

表 5.1 不同年龄人的色彩偏好

| 性别 | 年 龄 | 色彩偏好（高→低） |
|---|---|---|
| 男性 | 幼儿 | 蓝、黄、橙、粉红、黑、极浅的绿、黄绿、蓝绿色 |
| | 小学生 | 橙、黄、极浅的蓝绿、黄、绿、白、孔雀蓝、绿、蓝、浅蓝色 |
| | 中学生 | 橙、黄、极浅的蓝绿、黄、绿、白、孔雀蓝、绿、蓝、浅蓝色 |
| | 20 岁左右 | 橙、浅绿、黄绿、黄、极浅的绿、黑、蓝绿、蓝色 |
| | 30 岁左右 | 橙、浅蓝、绿、浅绿、黄、白、孔雀蓝、红色 |
| | 40 岁左右 | 黄绿、蓝、橙、黄、浅蓝、绿、白、粉红色 |
| | 50 岁左右 | 浅蓝、浅绿、橙、黄绿、赭红、灰色 |
| 女性 | 幼儿 | 黄、橙、红、紫、黄绿、粉红、孔雀蓝、极浅的蓝绿色 |
| | 小学生 | 极浅的绿、橙、黄、孔雀蓝、白、黄绿、绿、浅蓝、奶油色 |
| | 中学生 | 黄绿、孔雀蓝、极浅的绿、白、浅蓝、橙、黄、绿、蓝绿色 |
| | 20 岁左右 | 黄、白、橙、红、黑、浅蓝、孔雀蓝、黄绿、暗褐色 |
| | 30 岁左右 | 白、黄、浅蓝、绿、奶油色、黑、粉红、红、红紫色 |
| | 40 岁左右 | 白、橙、红、黄、奶油色、浅蓝、黄绿、粉红、浅绿、黑色 |
| | 50 岁左右 | 白、黄、浅绿、粉红、浅蓝、灰色 |

## 5.1.2 性 格

不同性格的人对色彩有不同的感受。性格开朗的人喜欢的色彩倾向于高纯度和高明度的色调，性格孤僻的人会选择低明度色彩系或者无彩色系的黑、白和灰色。不同性格的人对色彩也有所偏好。

色彩测试心理学家吕舍尔（M.Lusher）让被测试者将以下 8 种颜色——红色、蓝色、黄色、绿色、茶色、紫色、灰色、黑色（见图 5.2）按自己的偏好排列好。多次摆放之后分析师对摆放次序进行分析，得出被测试者的心理性格。这里所依据的是色彩本身的性格。

### 5.1.2.1 红 色

代表人的征服欲与男子汉气概的颜色。喜欢红色的人大多有野心，会积极地争取想要得到的东西，是行动型的人。对工作也是热情高涨，但是过于兴奋时可能会对周围的人具有攻击性。红色代表着激情和光荣，代表永不言败的精神气质。

### 5.1.2.2 蓝 色

大海的象征，是代表沉稳与女性气质的颜色。喜欢蓝色的人性格上都很沉着稳重，而且诚实，很重视人与人之间的信赖关系，能够关照周围的人，与人交往彬彬有礼。蓝色代表博大胸怀、永不言弃的精神。

### 5.1.2.3　黄　色

代表活泼、明快与温暖的颜色。喜欢黄色的人性格开朗外向，而且有着远大的理想。他们希望显示出自己的性格，但有时候做事会有些勉强。黄色代表传统气息。

### 5.1.2.4　绿　色

代表自信心、稳健与优越感的颜色。喜欢绿色的人比较稳重，是忍耐力很强的类型。很注意与周围环境的调和，但是在有必要表达己想法的时候，也能够冷静地表达出来。绿色代表健康、自然、和谐。

### 5.1.2.5　茶　色

代表家族、家庭、温馨的环境和安全感的颜色。喜欢茶色的人温和宽厚，是有协调性的类型。他们很善于处理人与人之间的关系，一般来说在有烦恼的时候可以去找这一类型的人谈心。

### 5.1.2.6　紫　色

这种颜色代表感性的、神秘的、情欲的事物。喜欢紫色的人很浪漫，是富于感受性的类型，性格细腻，富有个性。在某些方面会显示出自我陶醉的特征。紫色代表特殊的理想主义。

### 5.1.2.7　灰　色

代表沉静、寂寞的颜色。喜欢灰色的人多数以自我为中心，对他人不感兴趣。有时会显得优柔寡断，对他人依赖性强。灰色代表颓废、陈旧。

### 5.1.2.8　黑　色

代表断绝念头、屈服、拒绝、放弃的颜色。喜欢黑色的人独立性强，有很强的改变现状的愿望。他们是十分努力上进的人，但有时没有常性。黑色代表神秘、无所不能的力量。

图 5.2　吕舍尔色彩测试

## 5.2 色彩的视觉情感

阿恩海姆说："色彩能够表现感情，这是一个无可辩驳的事实。"人们对色彩往往是通过心理来感受的，一旦外来的色彩刺激与固有经验发生呼应，色彩便会影响我们的情绪和行为。色彩情绪可以表达出超越视觉的思想和精神。

色彩能唤起不同的情感，这一点也常常被艺术家们运用。色彩常常与多种多样的经验联系起来。我们注意某种颜色时的情境会令我们回想起这些经验来。就绿色而言，如果我们看到和红草莓放在一起的绿苹果，我们会不仍然地联想到未成熟的事物，又因为这种不成熟而把绿色概括为"青春"的颜色。同样是绿色，在道路交通中的效果却截然不同，这里的绿色以一种积极的意义印在我们的潜意识里。如果在大自然体会绿色，情感的效用又有所不同，绿色变为健康的、生机勃勃的颜色，因此，绿色也象征着健康。因此，色彩能够表现感情，这是一个无可辩驳的事实。

人们通过丰富的词汇表达对色彩冷暖的感觉，对一些颜色人们都有特别的感觉，如代表爱情的红色和粉红色、象征仇恨的红色和黑色、意味着幸福的绿色等。因此，色彩能唤起人们自然的、无意识的情感反应。例如，暖色给人以温暖、逼近、干燥的心理体会，冷色则会有远离、湿润、寒冷的心理暗示；明度较高的色彩会形成轻、远的心理感受，明度较低的色彩会造成重、近的心理错觉。纯度较高的色彩会带给人新鲜、清洁的情绪，纯度较低的色彩则会有稳重、含蓄的意味。

以下有两种色彩感情价值表供大家参考使用。一种是代表西方人感知习惯的"克拉因色彩感情价值表"（见表 5.2），另一种是代表东方人感知习惯的"大庭三郎色彩情感价值表"（见表 5.3）。

表 5.2　克拉因色彩情感价值表

| 色彩 | 客观色彩 | 生理感受 | 联　想 | 心理感受 |
|---|---|---|---|---|
| 红 | 辉煌、激动、豪华 | 热、兴奋、刺激、极端 | 战争、血、大火、仪式、圆号、长号、小号、罂粟花 | 威胁、警惕、热情、勇敢、庸俗、气势、激怒、野蛮、革命 |
| 橙红 | 动辉煌、激动、豪华 | 跳跃（动）烦恼、热、兴奋 | 仪式、小号、 | 暴躁、诱惑、生命、气势 |
| 橙 | 辉煌、激动、豪华 | 跳跃（动）兴奋（轻度） | 日落、秋、落叶、橙子向阳、 | 高兴、气势、愉快、欢乐 |
| 橙黄 | 闪耀、豪华（动） | 温暖、灼热 | 日出、日落、夏、路灯、金子 | 高兴、幸福、生命、保护、营养 |
| 黄 | 闪耀、高尚（动） | 灼热、东方 | 硫磺、柠檬、水仙 | 光明、希望、嫉妒、欺骗 |
| 黄绿 | 闪耀（动） | 稍暖 | 春、新苗、腐败 | 希望、不愉快、衰弱 |
| 绿 | 和平 | 不稳定（中性）、凉快（轻度） | 植物、草原、海 | 理想、宁静、悠闲、道德、健全 |

续表

| 色彩 | 客观色彩 | 生理感受 | 联　想 | 心理感受 |
|---|---|---|---|---|
| 蓝绿 | （静） | 凉快 | 海、湖、水池、玉石、玻璃、铜、埃及、孔雀 | 异国情调、迷惑、神秘、茫然 |
| 蓝 | 静、退缩 | 寒冷、安静、镇静 | 蓝天、远山、海、静静的池水、眼睛、小提琴(高音)灵魂、天堂 | 真实、高尚、优美、透明、忧郁、悲哀、流畅、回忆、冷淡 |
| 紫蓝 | 静、退缩 | 阴湿 寒冷（轻度）、镇静 | 夜、教堂窗户、海、竖琴 天堂 | 庄严、高尚、公正、无情 |
| 紫 | 阴湿、退缩 | 离散（中性）稍暖、屈服 | 葬礼、死、仪式、地丁花、大提琴、低音号 画眉、尊严、高尚、庄重、宗教、帝王、幽灵、豪绅 | 悲哀、神秘、温存 |
| 紫红 | 阴湿、沉重（动） | 挑动的、抑制、屈服 | 东方、牡丹、三色、地丁花 | 安逸、肉欲、浓艳、绚丽、华丽、傲慢、隐瞒 |

表 5.3　大庭三郎色彩情感价值表

| 色彩 | 联想的东西 | 心理上的感觉 |
|---|---|---|
| 红 | 血、太阳、火焰、日出、战争、仪式 | 热情、弩、危险、祝福、庸俗、警惕、革命、恐怖、勇敢 |
| 橙红 | 火焰、议事、日落、罂粟花 | 古典、警惕、信仰、勇敢 |
| 橙 | 夕阳、日落、秋橙子 | 威武、诱惑、警惕、正义、勇敢 |
| 橙黄 | 收获、路灯、橘子、金子 | 喜悦、丰收、高兴、幸福 |
| 黄 | 中国、水仙、柠檬、佛光、小提琴（高音） | 光明、希望、快活、向上、发展、嫉妒、庸俗 |
| 黄绿 | 嫩绿、新苗、春、早春 | 希望、青春、未来 |
| 绿 | 草原、植物、麦田、平原、南洋 | 和平、成长、理想、悠闲、平静、久远、健全、青春、幸福 |
| 蓝绿 | 海、湖水、宝石、夏、池水 | 神秘、沉着、幻想、久远、深远、忧愁 |
| 蓝 | 蓝天、海、远山、水、日夜、果实、钢琴 | 神秘、高尚、优美、悲哀、真实、回忆、灵魂、天堂 |
| 紫蓝 | 远山、夜、深海、黎明、死 | 深远、高尚、庄严、天堂、公正、不安、无情、神秘、幻想 |
| 紫 | 地丁花、梦、藤萝、死、仪式、大提琴 | 优雅、高贵、幻想、神秘、宗教、庄重 |

续表

| 色彩 | 联想的东西 | 心理上的感觉 |
|---|---|---|
| 紫红 | 牡丹、日出、小豆 | 绚丽、享乐、性欲、高傲、华丽、粗俗 |
| 淡蓝 | 水、月光、黎明、疾病、鸣奏曲、钢琴 | 孤独、可怜、忧伤、优美、清净、薄命、疾病 |
| 淡粉红 | 少女、樱、春、梦、大波斯菊 | 可爱、羞耻、天真、诱惑、优美、想念、和平 |
| 黑 | 黑夜、墨、丧服 | 罪恶、恐怖、邪恶、无限、高尚、寂静、不祥 |

色彩的变化无穷无尽，以下对一些色彩所能带来的情绪效果进行阐释。

蓝色之所以受到大家的喜爱，是因为这种颜色能激起许多美好的情感，如和谐、好感、友好。蓝色是使人心绪稳定的色彩，使人联想到大海的静寂、天空的湛蓝以及变幻莫测、无边无际的宇宙。而明丽的蓝色又象征着理想、自立和希望。在商业设计中，强调科技、效率的商品或企业形象，大多选用蓝色做标准色、企业色。

暗蓝色让人感觉冷峻，蕴涵一种忧郁之感。毕加索在早期的创作中多以蓝色表现，如图 5.3 所示。那时他还没有脱离普通群众太远，而去追求某些哲理性强于艺术性的表现。那时候的蓝色，是贫穷和世纪末的象征，也用来表达画家青年时期的一种忧郁情绪。

图 5.3 毕加索画作《人生》

红色具有强烈而复杂的心理作用，红色为血，红色为火，这两种经验在所有的文化和所有的时代都有存在的意义。红色是让人感觉火热、充满力量和富有能量的颜色。当你怀抱火红色的玫瑰和涂上红色指甲油时，会感觉心情立刻愉悦起来。淡红色和粉色有温柔、可爱的感觉；暗红色给人沉静、高雅的印象。红色是东方民族的色彩，中华民族婚娶喜庆尚红，西方人主张红色用于小面积点缀装饰。

　　绿色是春天的色彩。绿光占太阳投射地球光线的 50%以上，在可见光谱中波长居中，因此人的视觉对绿光微差分辨能力最强，最能适应绿色光刺激。杨·凡艾克的《阿尔诺芬尼夫妇像》（见图 5.4）描绘的人物是在尼德兰的意大利商人阿尔诺芬尼与他的新婚妻子，身着绿色外套的新娘小心翼翼提起外套的下摆，将手放在微微隆起的小腹上，一个新的生命孕育而生。绿色是大自然中生机盎然、清新宁静的生命力量和自然力量的象征。

　　黄色是意义相互矛盾的颜色，从经验中产生的情绪感觉是积极的，黄色在所有色相中最富有光辉，又是色性最不稳定的色彩。黄在白背景上由于明度接近，显得暧昧。它在深暗背景上，最能表现辉煌、欢快情调。黄色是洋溢喜悦与轻快的色彩，仿佛春天的花蕾，让人感觉到由内向外蓬勃的生命力。它像隐藏了某种倾吐的欲求，又是引人注目的色彩，因此常被用在提醒注意事项的场合。例如，施工现场以黑与黄相搭配，表示提醒注意。同样，我们会看到在一些海报与告示板的设计上，为了达到从远处能清晰识别的目的，在较暗的背景上使用黄色。黄色明视度高，在工业安全用色中，用来警告危险或提醒注意（见图 5.5）。

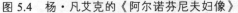

图 5.4　杨·凡艾克的《阿尔诺芬尼夫妇像》　　　　图 5.5　工业用机械产品

　　紫色是红色和蓝色的混合色，也是一种代表混合情感的色彩，在光谱中光波最短。眼睛对紫光细微变化分辨力很弱。在古罗马帝国，只有皇帝、皇后和皇位继承人才有穿紫色披风的权利，大臣和高官只允许在长袍上装饰紫色的镶边。在拜占庭的艺术中，色彩是完全用紫色来协调的。位于拉文纳的圣威勒镶嵌画展示了皇帝尤斯提尼安及其皇后和朝臣的形象，从这些画上可以看出紫色所占比重与人物地位的重要性。皇帝全身为紫色，并佩有金色绶带，在皇帝身边的朝臣白色长袍外披着紫色的圣衣，因此紫色一直是代表权力的色彩。所有的英国王冠上都衬有紫色的天鹅绒。在伦敦的威斯敏斯特修道院放有一把椅子（如图 5.6 所示），所有的英国女王和国王均坐在上面接受加冕，其扶手上铺盖着紫色的天鹅绒。

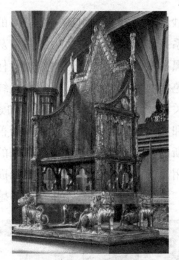

图 5.6　威斯敏斯特修道院中的椅子

## 5.3　黑白灰的表现力

黑、白、灰这类中性色是对所有色彩的最后抽象，其单纯性是从绚丽色彩中提取出来，代表客观事物的本源之色。它强大的包容性与亲和力，使之成为大众公认的选择，并赋予它更加人性化的感情色彩。

黑色在心理上是一个很特殊的消极色，意味着空无，像太阳的毁灭，像永恒的沉默，没有未来，失去希望。黑色具有高贵、稳重、深沉、庄重、成熟、黑暗、罪恶、坚硬、沉默、严肃、恐怖、刚正、铁面无私、忠毅、粗莽等意象特征。

白色的沉默不是死亡，而是有无尽的可能性，白色具有洁白、明快、纯粹、朴素、神圣、正义感、光明、纯真等心理特征。

灰色则是色彩中最被动的颜色，是彻底的中性色，靠近暖色便显出冷静的品格，靠近冷色则变成温和的暖灰色。黑色与白色是极端对立之色，与其他色彩搭配都能够取得很好的效果。灰色具有平凡、无聊、模棱两可、消极、谦虚、颓丧、随便、顺服、沉着、内向、暧昧等心理含义。

抽象派画家彼埃·蒙德里安把黑白灰和三原色通过精心分割，以黑色或其他色彩对方格中的鲜明色彩进行间隔处理，借由绘画中那些基本的元素——直线与直角、水平与垂直、色彩的三个原色（红、黄、蓝），和三个非色系（白、灰、黑），将这些有限的图案和抽象的元素互相接合，呈现出视觉的节奏之美。对于设计色彩来说，可以运用黑白灰形式语言作为表现形式进行创作（如图 5.7 所示）。

图 5.7　蒙德里安画作

"黑白灰结构"即黑白灰关系，是潜在于作品内部的一种微妙的视觉组织形式，我们也可以称它为支撑画面的骨骼。它将设计画面中所有视觉元素通过明度上的变化巧妙地联系起来，组成一个统一的整体，从而达到一种完整和谐的视觉效果。这种结构关系并非仅仅由无彩色中的黑白灰色所构成，我们欣赏一些作品的时候，表面看来似乎与黑白灰毫无关系，但我们加以仔细品味和分析，不难发现其背后必然会隐藏着如色彩的色相、明度的变化，文字及点线面排列的疏密虚实，长短曲直等这些抽象的黑白灰色彩关系。《格尔尼卡》是画家毕加索的杰作，毕加索打破了油画用色的惯例，以变形、象征和寓意的手法描绘了在法西斯兽行下，人民惊恐、痛苦和死亡的悲惨情景，控诉了法西斯的罪恶，对战争给人民带来的灾难表示出同情，对这战争中死去的人表示哀悼。全画用黑、白与灰色画成，造成画面阴郁、恐怖的气息，不规则的线条形成的角和弧的交错，给人一种支离破碎和动乱的感觉，画面沉重而压抑。

图 5.8　毕加索《格尔尼卡》

综上所述，黑白灰的色彩具有很高的审美价值。黑白灰相互衬托，对比强烈，混合或者相互作用后，会产生意想不到的艺术效果，产生千姿百态的节奏，极富有韵律感和美感。传统水墨、油画、版画等将黑白灰运用得淋漓尽致，在中国和国外的一些绘画作品中都能够充分表现出来。黑白灰在带给人极大的空间和美感的同时，又能体现艺术家的审美倾向。可见，黑白灰是唯一经得住时间考验的永恒流行的经典色彩。

### 5.3.1　黑白灰的对比

我们知道黑白灰在绘画中愈来愈受到人们的重视和关注。绘画中的黑白灰包含无尽的深意和无限的情感，黑白灰就这样在画面上表现出自己独特的魅力。画家在画面上将一些黑色块集中起来，而让一些空白的部位显出明显的形状。通过达到完美平衡效果的层次变化和黑白对比，把意想不到的情景展现在我们眼前。

要使艺术作品更有魅力，必须要在对立统一原则下利用各元素之间的对比变化。黑白对比能够用来协调任何色彩，在有强烈的有彩色对比时，其可以使画面显得和谐，因为它可以使跳跃的色彩显得稳定。黑白本身就已造就对比的效果，再加上面积、层次、大小、形态变化对比，把外在的元素转变为内在的对应律动。以黑白两色为造型手段，通过点、线、面的构成元素组合来表现形象，使黑白在设计风格、构图上呈现丰富多样的形式美感。

处理好画面的黑白灰对比关系既要对比鲜明，能突出主要形体，又要使色调柔和丰富，而不刺眼。最后根据画面大关系，画好局部的黑白灰关系。局部的黑白灰关系，既要符合整体色调的需要，又要起到丰富灰色层次的作用。无论是装饰画、宣传画，还是

连环画、年画、插图等，都离不开画面的黑白灰艺术
处理。八大山人和齐白石的国画（如图 5.9 所示），都
有黑白灰关系的处理。我们常会看到，有些本来可以
成为一件很好的作品，却因为没有很好地处理黑白灰
关系而失败。那些本来平淡的作品，因为黑白灰关系
处理独特而大增光彩。

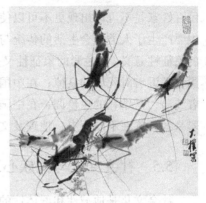

图 5.9　齐白石作品

### 5.3.2　黑白灰的层次与空间感

　　黑白灰的丰富对比与人的情感的表现连接起来，
可能形成完美而富于表现内涵的艺术整体，黑白灰的
明暗关系是色相之间深浅层次的差别，其等差分为九个阶段，每三个阶段划分为一个明
度，可分为高明度、中明度和低明度。画面中构成的不同明度给人的心理感受各不相同，
高明度的颜色结构即白色给人的感觉是愉快、活泼、明亮、轻盈的；中明度的颜色结构
即灰色则给人以朴素、稳重、成熟的美感；低明度的颜色结构即黑色给人以沉闷、浑厚、
神秘的感觉。因此，黑白灰层次搭配的丰富性需要通过自身的对比予以表现，其最终目
的是达到色彩语言的丰富性和完美性。

　　在平面设计中，画面是以图形、文字排列的疏密来表达视觉效果的。这种关系在很
大程度上也反映出画面中的黑白灰结构关系。在平面设计中，要处理黑白灰本身要素间
的构合关系、黑白灰表现的多种技法等，包括对黑白灰表现性的种种理解以及如何运用
黑白灰表现情感和营造意境。黑白灰语言表现的丰富性依
赖点、线、面的形态变化，同时又具有各种形态、方向、
疏密、位置、排列顺序组合的丰富性，在视觉上形成丰富
变化的黑白灰层次，使铜版画作品精练而细腻。人与铜版
画作品内在的接受与被接受的关系所体现出来的是黑白灰
和谐问题，应注重两个最基本的方面：一方面是黑白灰关
系与人的生理相关的视觉层面，另一方面是黑白灰关系与人
的心理、审美感知相关的内在层面。

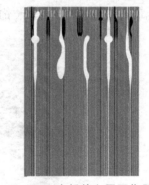

图 5.10　高桥善丸平面作品

　　日本设计师高桥善丸的招贴设计（如图 5.10 所示），画
面中丰富的层次与空间效果离不开黑白灰关系的处理。在
传达信息的同时，使受众感受到空间的流畅，给人以无限遐想的空间感受，从而传达出
更加丰富多彩的色彩情感。

## 5.4　色彩的象征性

　　色彩除其自身的物理属性外，由于受到人类历史文化诸多因素的影响而又具备社会
属性。某种颜色往往具有某种特定的象征意义，如在古代中国，黄色是皇权的象征，平

民百姓家是不可以出现更不可以使用这一颜色的。这就是色彩的象征性。色彩的象征性主要产生于人类社会生活的传统与习俗。色彩能深刻地表达人的观念与信仰，这是色彩的象征性意义。而色彩的象征性又是随着地域及民族的不同而有所变化的。在西方国家，黑色倾诉着对死者的哀悼；在中国，白色则把哀伤投向虚幻的空灵。在西方，白色象征着纯洁，是婚礼的主色调；在中国，婚礼的主色调则为红色，象征着喜庆。象征性的色彩是各民族在不同历史、地理及文化背景下的产物。

## 5.5　社会文化与民族心理

社会文化是地域性和群体性的，不同的地域、民族有其不同的社会文化，其文化滋养着各自独特的色彩审美趋向。

在中国，五行色为传统色彩观的形成奠定了基础。《考工记》中明确有记载："东方谓之青，南方谓之赤，西方谓之白，北方谓之黑，天谓之玄，地谓之黄""青与白相次也，赤与黑相次也，玄与黄相次也""青与赤谓之文，赤与白谓之章，白与黑谓之黼，黑与青谓之黻，五采备谓之绣""土以黄，其象方天时变"。在阴阳五行相生相克理论的基础上，古人对色彩进行了归类，即分为青、赤、黄、白、黑五色，明清皇宫建筑只取青、黄、赤三色以示大吉大利（如图 5.11 所示）。青色指绿色，象征勃勃生机，有朝气蓬勃向上之意，因此明朝初建时，紫禁城东部的宫殿，均覆绿色琉璃瓦。赤色指红色，象征红红火火，有"光明正大"之寓意，因此紫禁城宫墙、殿柱都采用红色。黄色属土居中央，象征至尊至大，有支配四方之意，因此黄色就成为皇帝的专用颜色，皇帝的宫殿全以黄色琉璃瓦为房顶，内部装饰也多以黄色或黄金作金箔粘贴于宫内各方。

图 5.11　清朝宫殿

其他国家对一些特定的色彩也有相应的文化心理。比如，白色、红色、紫色和绿色在 1570 年被教皇皮乌斯五世确定为礼拜的色彩。在这些礼拜的色彩中，绿色是最简单也是最基本的色彩。绿色是普通礼拜日的颜色。与此同时，在欧洲，绿色又是毒药的颜色，如果问一个欧洲人一条龙是什么颜色，每个欧洲人都会自然而然地回答："绿色。"虽然并没有人见过龙，但在人们的想象中所有的魔怪都有绿色的眼睛。由此可见，同一种颜色在不同的文化心理下，有不同的情感折射。

## 5.6　现代色彩

色彩已经渗入生活中每个细节，成为现代生活高品质审美情趣之象征。

在机械设备的色彩设计中，多采用刺激性小的中性含灰色系，常用的是无光泽的亚光材料，色彩采用明快、柔和的浅灰、灰绿、黄绿灰色系。对于体积笨重而巨大的机械设备，更应该采用较为明亮的浅灰色系，以减轻操作者心理上的沉重感及压抑感（如图5.12 所示）。

图 5.12　机械产品的色彩设计

色彩在平面广告设计中的作用是使商品在短时间内引起消费者的注意。以肯德基为例，在色彩选择上，其餐厅大面积采用橙黄色，拉近了与顾客的距离感，令人感到欢快愉悦。又在统一色调的基础上，加入了少量的冷色元素，如蓝绿色等，运用了色彩的对比，使之产生冷暖变化，产生一种和谐活泼的趣味。

在现代交通工具的色彩设计中，要充分利用不同颜色的不同功能，结合人性化的指导理念进行交通工具设计，提高驾驶员的注意力，减缓视觉疲劳。交通工具的色彩设计还与建筑、绿地、道路桥梁、园林、古迹、雕塑有密切的关系，交通工具作为城市环境色彩的一部分，不但要具有本身独特的个性，还应符合每个城市的地理环境、文化历史、自然风土形成独特的风格。比如，我国南方城市的交通工具多喜欢使用冷色基调，北方城市多运用暖色基调，这同气候有很大关系。

产品的色彩吸引着每一个人，而且色彩的信息要先于形状为人们所获取。和谐优美的色调最容易被接受，明快活泼的色彩最容易引起注意。在包装设计上，使用色彩艳丽明快的粉红、橙黄、橘红等颜色以强调出食品的香、甜的嗅觉和味觉。例如，茶叶包装用绿色，让人感到清新、健康。

家具的色彩搭配也要根据其环境而定。在办公场所，家具色彩注重一种效率、商务等感觉。所以办公家具的色彩设计更加要求色彩单纯、简洁、明快、协调，因为纯度较高或配色对比强烈的色彩都会吸引人的注意力，影响工作效率，严重的将会干扰正常的工作秩序。所以，色性多采用冷色调，以便为员工创造冷静理智的工作环境。而在对公用休闲家具的色彩设计时，可以选用较华丽、明快的色彩，适度的色彩刺激可以消除工作人员的疲劳和精神紧张。在儿童用室内设计中，使用明度高饱和度高的纯色，符合儿童的审美意趣，能增加儿童的趣味（如图 5.14 所示）。

图 5.14　儿童房色彩设计

## 本章小结

不同的地域、民族有其不同的社会文化，他们的色彩具有各自特定的象征性。色彩是现代生活高品质情趣的象征。

本章介绍了影响色彩心理的主要因素，包括年龄、性格等；介绍了色彩的情感，并对几种常用的色彩进行了情感分析；分析了黑白灰的对比关系和层次空间感。

## 思考与练习

1. 举例说明年龄对色彩心理的影响。

2. 举例说明性格对色彩心理的影响。

3. 在下面几组作业中分别选择两组进行色彩心理表现练习，每组包括两个构图。

A. 欢乐与悲伤的色彩构图　　　　　B. 华丽与朴实的色彩构图

C. 坚硬与柔软的色彩构图　　　　　D. 沉重与轻盈的色彩构图

4. 自由选择一个题目，如梦幻、爱情、青春、庄严、残酷、理智、智慧等各种你想表现的主题去构思色彩。

5. 列举几个现代生活中体现色彩象征性的实例。

6. 列举几幅用黑白灰艺术处理的优秀作品。

# PART TWO

# 第二部分　设计技能模块

# 第6章　色彩表现技法

## 6.1　色彩搭配

随着信息时代的到来，人们的生活质量不断提高，社会对色彩设计的需求也不断扩大，色彩设计逐渐渗透到人们的日常生活中，扮演着越来越重要的角色。色彩不仅是一种艺术语言，而且是一种信息，既可以作为沟通的桥梁，又可以向人们传达丰富的情感。色彩如音乐和诗，能让人产生联想，让人感受冷暖（见图6.1）。色彩运用牵涉的学问很多，包含美学、光学、心理学和民俗学等。色彩表达要有有个性的艺术语言和样式，要扬长避短，要强化、锤炼和升华，中庸是艺术的"白开水"，艺术不能无色、无味、无个性。

图 6.1　色彩搭配

在人们的生活中，色彩扮演着重要的角色，色彩心理学影响人们的衣、食、住、行等方面。首先是衣服的色彩搭配。不同的人有不同的喜好，女性偏爱暖色系的衣服，如黄色、粉色、红色等。这些色彩可以提升女性气质，凸显其温暖可人的形象，所以女性的背包、衣服等色彩大多丰富艳丽，多为暖色系（见图6.2）。男性更喜欢冷色系的衣服与用品，如深蓝色、灰色、黑色等，因为深色系可以增加男性理智沉稳的气质，给人一种成熟感、安全感，所以职场男性的衣服大多数是暗色系、深色系。人们住处的颜色搭配也离不开色彩心理学，在装饰时，人

图 6.2　女性用品色彩

们通常会根据不同的喜好把卧室颜色设计成暖色调，给人以温馨舒适感。把书房设计成冷色调，使人们在读书或办公室能够保持理性。现代办公产品，也多以蓝色、灰色、黑色等深色为基础色，搭配醒目清晰的亮色，深色系会给人以稳重、

冷静的感觉，亮色给人以明快、活泼的体验。人们在办公的时候，置身于深色系中，色彩会给人潜移默化的影响。在行为方面更离不开色彩心理学，我们所熟悉的红绿灯就是对色彩心理学知识的运用。

心理学家近年提出许多色彩与人类心理关系的理论。他们指出每一种色彩都具有象征意义，当视觉接触到某种颜色时，大脑神经便会接收色彩发放的信号，即时产生联想。例如红色象征热情，于是看见红色便令人心情兴奋；蓝色象征理智，看见蓝色便使人冷静下来（见图 6.3）。所以在现代人的生活中，色彩搭配是色彩设计中的重要手段。

即使身处同一场景，不同的人可能呈现不同的需求：你可能需要低调，我可能需要凸显；你可能需要神秘，我可能需要明快；你可能需要冷艳，我可能需要亲切……不同的色彩搭配赋予人们不同的视觉感受，而这些变化正是色彩搭配的魅力所在。色彩搭配，是为了冲击视觉，产生美的心理感受。如何将多种色彩配置在一起，达到完美的效果，是色彩设计研究的重点。色彩的搭配主要讲究搭配法：互补色配色、邻近色配色、对比色配色、同色系配色。

图 6.3  色彩搭配

### 6.1.1  互补色配色

在色相环中色相成 180° 左右的两色被称为互补色，也是所有配色里对比最为鲜明和强烈的色组（见图 6.4）。最明显的是红配绿、黄配紫、蓝配橙等，视觉上强烈分明，尤其当互补色色组处于高纯度时，这种感觉更为鲜艳浓烈。调整互补色的纯度和明度，降低色彩本身的强烈感，就能使搭配更加和谐。对比色相的配色，其配色角度大、距离远，颜色差异大，其效果活泼、跳跃、华丽、明朗、爽快（见图 6.5）。但如果两色都是纯度高的颜色，则会对比强烈、刺眼，使人产生不舒服的感觉。互补色相的配色具有完整性的色彩领域，占有三原色的色素，所以其特色清晰、明亮、艳丽、灿烂。但它是色相中对比最强烈的配色，如果再加上色彩的纯度高，就会产生强烈、辛辣、嘈杂的感觉。

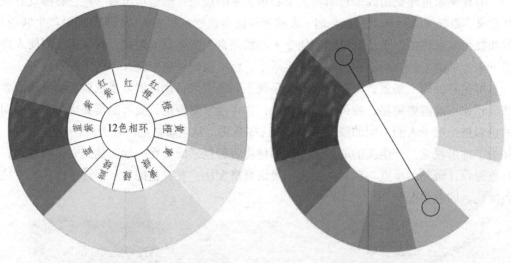

图 6.4 互补色

图 6.5 互补色配色

## 6.1.2 邻近色配色

色相环上相差 60°左右的颜色我们称之为邻近色（见图 6.6）。邻近色配色统一和谐，感情特性上也保持一致。最典型的有黄配橙、蓝配绿等，效果上一般有着"你中有我、我中有你"的特点。因为色彩浓郁，所以这种相邻色大面积搭配在一起时也很抢眼。虽然每种颜色给人的感觉都是不同的，但是邻近色之间在气质上有着"亲缘关系"，所以怎么搭配都会很自然和谐。

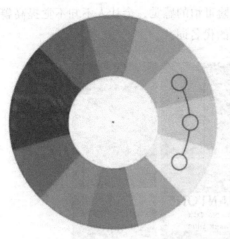

图 6.6　邻近色

### 6.1.3　对比色配色

对比配色也称三原色对比，最直观的感受是这三种颜色能够在色相环上构成一个等边三角形（见图 6.7）。这种配色同样给人强烈、醒目、鲜艳的感觉（见图 6.8）。

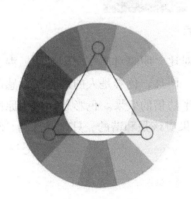

图 6.7　对比色　　　　　　　　　　　　　　图 6.8　对比色配色

### 6.1.4　同色系配色

同色系的搭配就是一个色组在不同纯度、不同明暗之间的组合。不同材质之间的同色搭配会更有层次感和高级感，舒适耐看（见图 6.9）。同一色相的配色是指相同的颜色，主要靠明暗程度不同深浅的变化来构成色彩的搭配。由于它只是单色的明暗、深浅变化，所以它使人感到稳定、柔和、统一、幽雅、朴素。但变化太小，会使色彩产生单调、呆滞、阴沉的感觉。类似色相的配色适用的范围较广，配色角度越大越显得活泼而富有朝气，角度越小越有稳定性和统一性。但如果太小就产生阴沉、灰暗、呆滞的感觉；反之，色彩之间会产生相互排斥、不和谐的画面效果。红色在不同场景有不同的寓意，当面对红红的火焰、鲜红的血时，红色给人危险可怕的感觉，会让人不知不觉提高警惕。但在中国传统文化当中，红色是吉祥、喜庆的代名词。

图 6.9　同色系配色

在色彩搭配中，设计师还要把握好色彩的冷暖对比、明暗对比、面积对比、混合调和、明暗调和等，保持画面的均衡和色彩的条理性。而且，色彩是人的视觉最敏感的东西。主要的色彩处理得好，可以锦上添花，达到事半功倍的效果。色彩总的应用原则应该是"总体协调，局部对比"，也就是：整体色彩效果应该是和谐的，只有局部的、小范围的地方可以有一些强烈色彩的对比。

## 6.2　色彩画法步骤与方法

### 6.2.1　观　察

#### 6.2.1.1　观察的内容

观察要全面、系统。具体来说，要从形、体、色三方面去观察，要形成头脑中的整体印象，便于构思画面及想象色调与构图。

1）静物的形

哪一个最大、哪一个最小，哪一个最左、哪一个最右、哪一个适中，各有什么特点，适合构成什么构图，水平线构图、对角线构图、垂直线构图、交叉线构图、三角形构图、"S"构图还是其他构图，这些都需要观摩。

2）静物的体

主要考虑每一个物体体积、结构的特点及块面组合方式，以及哪个物体空间位置最前、哪一个的空间位置适中、哪一个的空间位置最后，以及形与体、物与物之间的远近、高低、向背等空间关系，从而确定相互的比例关系。

3）静物的色

主要考虑整组静物色彩的冷暖基调是什么，最深色物体是什么、次深的物体是什么、最亮色物体是什么，画面什么色与什么色属灰调（中间调子）、什么色与什么色属黑调（深色调）、什么色与什么色属白调（浅色调），抓住画面的主基调（见图 6.10）。

图 6.10　静物的色

6.2.1.2　观察的方法

在动笔之前，应该用足够的时间观察、研究、分析物体的形象、形体特征，要形成完整的印象。坚持多看、多分析，不断深化认识和理解的程度。

1）整体观察

整体观察是核心，从整体到局部、从局部到整体，养成整体观念及表现的习惯。整体观察形、体、色，形成第一印象。

2）联系观察

在整体中，局部与局部之间相互依存，有内在联系。其中解剖关系、空间关系、透视关系要通过联系观察，增强对整体内容的把握能力。

3）本质观察

任何表面物象都以其本质为依据，不认识、不理解事物的本质，也就不可能真正理解现象，会产生盲目性。在色彩中，形体结构与色彩色调都包含深刻、复杂又协调的明暗素描关系，加深本质理解，可以提高表现能力。看名家名画也能进步，就是这个道理。

### 6.2.2 构 图

构图一般分为两个阶段：整体构图与深入构图。

#### 6.2.2.1 整体构图

在观察的基础上，把整组静物的外轮廓线及单个物体的外轮廓线、主要结构线大体位置以简洁概括的线条轻轻描画在画稿上。要注意各物象的大小向背及相关关系是否正确、形体比例是否协调。整体构图注意点：主要物体与次要物体的位置、空间、大小等，背景及次要物背宜画虚，主要物宜画略重，学习者宜用铅笔构图，再直接上色（单色比较薄）。如图 6.11 所示。

#### 6.2.2.2 深入构图

以抓结构为主，从整体形到局部形，根据观察分析的结构及相关空间，抓结构线、明暗交界线及投影线，可适当表现明暗，要注意准确性与生动性，相互联系地检查与修改。深入构图注意点：深入构准形体、比例、空间、主次后，确定明暗—交界线及投影，分出画面大体明暗部位（见图 6.12）。

图 6.11 整体构图

图 6.12 深入构图

### 6.2.3 上色彩

#### 6.2.3.1 上色彩的步骤

① 先画背景，其次是台面及衬布，最后画主要物体。

② 先画主要物体，其次是台面、衬布，最后是背景。

③ 先画衬布台面，其次是静物，最后是背景。

### 6.2.3.2　上色调的方法（一般有三种画法）

① 从物体暗部画起，再画灰部，最后画亮部。

② 从物体亮部画起，再画灰部，最后画暗部。

③ 先画灰部，再画亮部，最后画暗部。

初学者以方法②和步骤①为最好。以上介绍的步骤和方法各有优缺点，对初学者来说，方法②与步骤①可保持画面的单纯、明快和色彩亮丽。因初学者往往色彩感觉不丰富，故方法②和步骤①可避免初学者画脏、画丢、画坏。以湿画法用大笔"刷"的技巧铺背景大体色，要注意背景的微妙色差及明暗过渡；画背景留出主要物的外轮廓，不要画伤主要物外形；要适当留出背景高光较白部位；背景宜上浅下深，光源近处浅、远处深。

画背景适当用水，干、湿结合用笔铺排。宜近浅、远深与背景连成一体，转折色处色略深，抓大感觉铺大体色，物体适当留白，以画大皱纹与肌理为主。

画主要物体从暗部、背部、深色画起，由上而下、由主体而次要、由重点而四周展开（见图 6.13）。

图 6.13　上色彩

图 6.14　调整色彩

### 6.2.4　调整修改、完稿

在完成了细节之后，又回到整体观察和比较，这是对画面宏观的一种把握、对画面感整体的认知。对于过分追求细节刻画而破坏了整体色调的，必须调整、修改和加工。要注意物体的前后关系，前面的要具体，色彩丰富；远处的相对要简略、概括。通过调整修改，可以使画面达到最后效果的整体感（见图 6.14）。

## 本章小结

本章介绍了色彩的搭配方法和色彩的画法步骤。

## 思考与练习

根据色彩的画法步骤与方法，完成一幅现代家庭生活用品色彩画。

# 第 7 章　色彩的创意、装饰与写生

## 7.1　色彩的表现与创意

关于色彩，东西方在各自对应的文化体系下有不同的认知。早在两千多年前，人们就以"五色"来概括宇宙万物之色。《周礼·考工记》曰："画缋之事杂五色：东方谓之青，南方谓之赤，西方谓之白，北方谓之黑，天谓之玄，地谓之黄。"在这里，人们将色彩与天地四方的广袤宇宙紧密联系在一起。"五色"又与"五行""五方""五声""五谷"等相联系。南齐的谢赫明确地表明了"随类赋彩"的观点。而西方的色彩理论主要有两大类：一是英国物理学家牛顿所著《光谱》，对色彩事实、本质、存在进行研究；另一个是德国诗人歌德所著《色彩学》，描述的是人对色彩的实际感受、感知。实际上，虽然文化体系不同，但是二者对色彩的解释都是基于世界中的客观存在，来记录并升华视觉器官对色彩的主观创造。应该说，在色彩表现上更接近艺术表现的本质。人的感受不是对物理世界的忠实反映，色彩表现中主观和客观是共存的，是相互牵连、由此生彼的关系，由实物客观上升为赋彩的主观，这正是现代设计师、艺术家在色彩表现上基本的态度和艺术观。

### 7.1.1　色彩表现——客观存在

创作的过程离不开色彩，原始黑陶和红陶上的装饰色彩就具有朴素、神秘、天然的意趣。色彩艺术作品最能给观赏者留下形象、直观的内容。不同的色彩会产生不同的冲击力。设计师、创作者们在创作过程中，都要科学合理地选择、组合、搭配色彩，将艺术对象生动、形象地展现出来。素描是绘画对象的肢体、骨骼，而色彩就是作品的灵魂。运用色彩，能加强创作者对绘画对象的理解、掌握，科学运用光线、色调等知识，增强作品的感染力。而一幅作品的灵魂就在于给予观赏者思考力、感染力及精神感受。例如，伟大的艺术家梵高，其代表作品《向日葵》中的色彩冲击力非常强，线条突出明显，在观看过程中，我们能感受如阳光一样的生命力，从而引发强烈的情感共鸣，切身感受创作者的思想情感（见图 7.1）。

### 7.1.2　色彩表达——时空关系

由于时空关系不同，色彩的感受与认知体系也是不同的。西方的文化体系是一种偏向外向型的文化，注重理性思考，主观思想则受到一定程度的压抑，文化体系都按照理性原则进行建构。因此,审美的情感也是对理性、逻辑的一种静观仿效。与之相反,东方文化更偏重内向、抽象的思考,将直觉经验当成重要的认知手段,情感沟通在当中发挥了重要功效。但仅就西方国家来说,不同国家之间也会存在较大不同,如法国浪漫、德国严谨等,这些不同国家的特征会通过艺术作品体现出来(见图 7.2、图 7.3)。

图 7.1 色彩表现客观存在

图 7.2 撑阳伞的女人(印象派大师莫奈)

图 7.3 家庭音乐会(弗里茨·冯·乌德)

### 7.1.3  色彩表现——艺术表达

色彩，画家之性情也。风格的形成不是刻意强求的，它形成的过程应该是自然而然的。不同的国家、不同的民族都有自己的语言、习俗、艺术特色，会形成不同的审美观念。因此，他们所创作的作品都会带有本土艺术的表达特色。由于审美观念不同，异域观赏者可能无法或很难理解油画创作者的意图。但是，运用色彩元素进行加工以后，不同民族、不同文明的受众都能理解、感受油画的感染力（见图 7.4）。这与音乐艺术中不同的音调有不同表现内容的道理是一样的。在创作过程中，不同的色彩能表现出不同的内容，创作者利用色彩来表达自己对绘画对象的理解。有时可能创作者与观赏者分属不同的国家，语言不同会对两者情感交流产生不利的影响。然而，运用色彩就能表现出语言无法表现的内容，从而帮助创造者与欣赏者突破语言的障碍。我们生活在色彩的世界中，我们的生活、工作和学习都离不开色彩。因此，经过长时间的理解，可以利用色彩来再现绘画对象的感染力，引发创作者与观赏者之间的情感共鸣，突破语言沟通的障碍。由此可见，色彩是这个世界通用的艺术语言。

图 7.4  浴女（雷诺）

### 7.1.4  色彩表现——个人情感

情感是人们在生活、工作和学习中伴随的一种心理状态，也是对外界环境变化的一种主观意识、主观反映。心理学认为，情感就是人们对一些客观事物是否符合自己内心感受的一种心理状态表达。简单来说，艺术创作的过程就是创作者内心倾诉的过程，不同的心情呈现出来的色彩效果不同。色彩就是为情感而生，就是为创作者的内心服务的。

如伟大艺术家梵高的《向日葵》与《麦田上的群鸦》两幅作品，即使这两幅作品都被归类为后印象主义，但是《向日葵》中的色彩表现明显，画面冲击力、形象张力明显强于后者。所以，给人的视觉体验就是向日葵元素活力、灿烂和张扬。其次，加上深色罐子、蓝绿背景的衬托，整幅作品的色调更加和谐、自然，流露出旺盛的生命力。再来看《麦田上的群鸦》，画面的七成部分都采用橙黄色布局，再加上简短的、大量的直线堆积，蓝色的天空、黑色的群鸦，给人一种阴暗的、负面的视觉冲击。这两幅作品均出于梵高之手，但色彩、视觉体验大相径庭，这是为何？笔者分析认为，《向日葵》处于艺术成熟期的梵高之手，那时的他对一切都有憧憬、向往，而且个人酷爱黄色，因此，作品中的情感与创作者的情感一致，都是明快、乐观向上的。而《麦田上的群鸦》处于精神状态崩溃期的梵高之手，那时的他处于垂死边缘，这部作品更像他的遗书。由此可见，当人的主观情感发生变化时，这种变化会直接映射到作品中，作品的色彩、色调也会随之发生变化（见图7.5）。

图 7.5  色彩表现个人情感

### 7.1.5  色彩表达——人文精神

不同地域的人对色彩有不同的认识。我们对于色彩的认知，不仅体现了我们对物质与精神生活的追求，也流露出信息交流、情感表达的心理特征。我们在研究色彩时，除了继承、弘扬这些色彩，还要从中汲取优秀的经验来加深人类的人文情感。我们不难发现，不管是印象画派还是抽象主义画派，都表达了自身的宗教信仰、价值观念、人文情感，这也是一种色彩的表现过程（见图7.6）。

黑格尔认为："色彩是艺术家所特有的一种质量，是他们特有的掌握色调和构思的一种能力，是再现想象力和创造力的一个基本因素。"我们看塞尚、马蒂斯、毕加索、雷诺阿，以及中国的林风眠、齐白石等，他们在色彩表现上都有自己明显的特点和风格样式。色彩的风格样式也有高下之分，一种色彩表现风格的形成与一个艺术家的文化积淀、生活阅历和审美修养不无关系。

我们生长在一个充满色彩的世界，色彩对我们的视觉器官刺激是最为明显的，也是作品给人的第一印象。而这一印象，就是色彩的性格特征。色彩不仅呈现出一个物体的外表，也传达了物体本身所具有的感性及可知性意义，赋予物体本身的表情。色彩创意更多地体现了理性对色彩的驾驭能力，是我们用神妙的理性力量对色彩蓝图的精心"描述"。这种描述的结果是以色彩最终的感性呈现得到证实的。

图 7.6  呐喊（爱德华蒙克）

## 7.2  色彩分解法、色彩归纳法

19 世纪的欧洲，伴随着光学实践与理论的日益成熟，摄影技术也在不断完善，一些关于光学的理论著作为欧洲艺术家在探索新的绘画表现奠定了坚实的理论基础。以克劳德·莫奈（Claude Monet，1840—1926）为代表的印象派画家，开始对大自然中环境与光线进行研究，他们大胆地屏弃传统的古典主义绘画的棕褐色调，采用鲜明的笔触和色彩对户外景物进行写生、创作。新印象派乔治·修拉（Georges Seurat，1859—1891）在研究光学和色彩学新理论的基础上，把大自然中的色彩用难以数计的小色点进行分解后构成色彩丰富的画面（见图 1.9）。后期印象派画家如梵高（Van Gogh，1853—1890）在扩展了修拉以来的只用小圆点作画的语言，将其发展成适合表现事物结构与自己感情的蚯蚓式的色线或色块，并加入了自己的主观成分，分解景物的色彩后再重新构成画面。而亨利·马蒂斯（Henri Matisse，1869—1954）在处理画面时，更加大胆地省略了景物多余的细节，用单纯的线条和色彩把画面进一步极端简化，增强画面的感染力，给人营造出强烈的视觉冲击和完美的平面装饰效果（如图7.7）。他们的出现为现代色彩艺术的发展奠定了坚实的基础。

图 7.7　含羞草（亨利·马蒂斯）

　　解构主义之于建筑设计，在某种意义上已不再局限于抽象艰涩的哲学概念，而更具设计研究策略和分析方法论的意味。以此为指导，20世纪80年代后期解构主义建筑异军突起，它们以"揭示结构和系统的不确定性"为目的，以消解、破坏既有建筑类别、形式、结构、功能等为手段，呈现出强烈的不对称、无秩序、不协调、无规则和不连贯的形式特点。如彼得·埃森曼（Pteri Isenman，1932—　）设计的位于美国俄亥俄州立大学的卫克斯那视觉艺术中心（见图7.8），詹姆斯·斯特林（Jame stirling，1926—1992）设计的位于德国斯图加特的新国家博物馆等，均为解构主义建筑经典之作。

　　色彩解构也借鉴建筑设计中的点、线、面分割、重构方法，对所选定的色彩对象进行分解、打散后重新主观地再增减组合创作；对所选景物的色调、面积、形状重新加以调整和分配，抓住所选景物中典型色彩的个体或部件的特征并抽取出来，按作者的意图再重构新的画面。解构色彩有别于一般的写实性色彩表现，它通过强化符合现代审美观念的视觉装饰元素，再通过多种表现手法把它们重新分解、打散，经过重构、反复、支配、重叠、透叠、渐变、重组等，改变色彩的对比调和，从而呈现装饰性绘画的形式美感（见图7.9）。找到正确的思路和训练途径是一种行之有效的便捷方法。

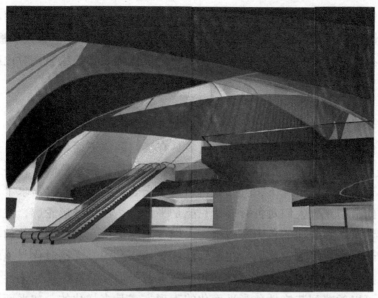

图 7.8 卫克斯那视觉艺术中心

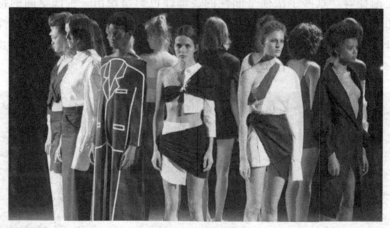

图 7.9 色彩解构

## 7.3 色彩的装饰性和意象性

早在中国的远古时期就已出现装饰画，如岩洞壁画、彩陶等，其强烈的色彩装饰性并没有因早期原始社会色彩简单而受到限制。在装饰画形式不断发展的今天，人们依旧喜欢用色彩装饰丰富的装饰画美化生活。色彩装饰表现特征是艺术作品的抽象性、象征性、符号性、概括性以及平面化形式和民族化。在艺术史上，我们可以发现装饰语言在不同的历史背景下表现出不同的特点。装饰语言作品的特点是在写实造型的基础上简化、夸张或变形，通过运用多种手法强调线条的表达以及色彩的运用。装饰性色彩从一开始就采取了完全不同于写生性色彩的表现形式。在没有写实性造型知识的束缚下，装饰性色彩的表现特征呈现出很强的主观自觉性。在考虑了实用和工艺的因素后，装饰性色彩在造型、色彩表现上往往对自然物象、自然色进行大胆概括、夸张、变形和变异处理。无论是传统的装饰性色彩还是现代的装饰性色彩，对比都有很强的体现。

### 7.3.1　色彩装饰性——浅空间、平面化特征

装饰性色彩相对于写生色彩而言，大多具有浅空间或平面化的特点，这种现象实际上与人类对色彩认识的进程有关。装饰性色彩的成熟比写生色彩早得多，人们在还不具备写实造型观念的情况下，就开始运用色彩来表达自己的精神需求了。由于不具备完整的空间造型观，人们对色彩表达只能是平面的，注重外形轮廓，注重色与色之间平面上的和谐。在长期的色彩实践中，人们逐渐总结出一套较为完整的与平面化特征相适应的装饰性色彩形式法则。在装饰性色彩的作品中，无论时代与地域情况、题材与内容，人们都能从中清晰地领略到这一共有的平面化特征。从装饰性色彩的发展中，人们也可以领略到装饰性色彩平面化的表现方式是多样化的，如平面勾线、渲染推晕、层层渐变等。这些手法使平面性的装饰性色彩呈现出一种浅空间的特征。随着时代的进步，装饰性色彩的表现形式与特征也在进一步发展与改变。绘画性的写生色彩与装饰性色彩的观念逐渐有机融合、互相影响，使装饰性色彩在空间形式上有了更为宽泛的表现余地（见图 7.10）。

图 7.10　色彩装饰性一

### 7.3.2　色彩装饰性——高度概括、抽取特征

在色彩装饰中，无论是对形态还是色彩的处理，其方法相对于写生造型方法来说

是高度概括的。一方面，概括的造型方法与色彩认识可以使装饰性色彩摆脱客观色彩的微妙变化，具有更大的造型主动性；另一方面，概括的造型与色彩认识使画面的图形、色彩、结构更为清晰，符合平面化的造型要求。在概括的基础上，装饰性色彩往往具有夸张、变形、变色的特点，这是装饰性色彩不同于写生色彩的重要之处。变形是指装饰性图形的形态处理，往往以形式美为原则进行变形。具体到色彩的处理上，装饰性色彩不拘泥于固有色、条件色之类的色彩观念，其色彩的配置往往根据色彩本身的调和、对比关系进行处理，色彩选择的依据也常常和色彩情感、象征含义有关（见图 7.11）。

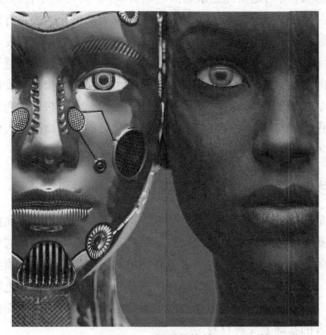

图 7.11　色彩装饰性二

### 7.3.3　色彩装饰性——夸张、突出特征

色彩夸张是装饰性色彩常用的手法，这是客观现实性色彩向主观理想性色彩的转换，这种艺术手法往往会获得意想不到的效果，给人们惯常的视觉心理造成很强的冲击，也为人们带来审美愉悦。这种不同于客观色彩的主观夸张变色是装饰性色彩创造能力的直接体现。色彩的夸张是在对色彩进行归纳、整理、概括的基础上进行的。色彩的夸张旨在加强色与色之间的关系，强调色彩自身的某种属性特征，以达到主观的色彩意图。其表现形式有强化色彩之间的对比关系，强化色彩的统一协调性、固有色属性、明度特征、纯度特征等。色彩的夸张并不仅意味着拉开色与色之间的对比，其基本意图在于传达主观装饰色彩美感。因此，对色彩进行主观弱化，使其脱离客观现实色彩的束缚，进而达到主观理想的装饰色彩的美感意图，也可视为色彩的夸张。

### 7.3.4　色彩装饰性——变异、调和特征

色彩的变异处理也是装饰性色彩的理想追求形式。这种色彩处理建立在对自然色彩分析、归纳、概括的基础上，是符合表现规律的再创造。由于不受自然色彩的限制，变异处理也是对自然色彩的高度概括，是对色彩情感与象征意义的表达。色彩的变异处理为整体装饰性色调的变换带来了可能性：既能给人带来不同的色彩心理感受，也为装饰性色彩的配置方案的比较提供了依据。

意象性不仅是一种表现手法，也是独特的构思方式。作者可以通过象征的手法表达画面不同的象征意义，有时是对理想事物的讴歌赞颂，有时是对不合理现象的无情抨击。意象性色彩的作品通过自己的直觉感官以及富有想象力的创作，表现有别于其他绘画作品的特征。抽象性抛开传统观念，在作品中突出直观的主题表达，抒发主观情感，尽可能地传递出画面深处要展现的信息，将画面作为与观者沟通的桥梁，感知创作者的主观思想，领悟画面的内涵，从而感染更多的人，解读出画面的意味，引发进一步的思考与联想。20世纪初，法国野兽派画家亨利·马蒂斯的绘画就具有极强的色彩装饰美感。他的作品把装饰性色彩提高到"创作观"的层面，将色彩的美感结构与人性化、直觉化等因素结合起来，为后来的绘画提供了一个全新的认识视角。

### 7.3.5　色彩意象性——民族本位特征

意象性色彩最突出的内涵就是本土文化性。对于同样的物象，不同民族的艺术家有不一样的诠释。意象性色彩具有鲜明的民族地域性审美特点，是一种与生俱来的艺术气质。意象性有目的地选择颜色，削弱或者忽略物象的空间形体，注重物象色彩的虚实变化，将中国画的"墨分五色"理论巧妙地利用到颜色的调和中，使颜色间有着微妙的明度变化，使画面产生神秘感，用看似单纯的色彩营造出令人舒适的画面情绪，其在吸收西方现代绘画语言的基础上完善自身。

### 7.3.6　色彩意象性——创造特征

创造性是意象性色彩的审美表现特征之一，意象性色彩是一种独特审美的创造。在意象创作中，遵循自身内心感受的同时，无限地挖掘、提取自然中的景物，创造出具有色彩的文化语言。意象性油画中色彩的表现更加主观，带着浓郁的创造意味。当颜色不再受到形体的束缚，打破形的界限，形体之间往往因画面整体色彩构成的需要交叉、相融，变化多样的轮廓线更好地诠释色彩的表现力和创造力，使作者的情感在画面中得到更加真切的表达。而这并不意味意象性中没有"形"，色彩打破外轮廓，颜色之间的调和、叠加使创造出超然于外物的"形"。

### 7.3.7　色彩意象性——诗意特征

意象性色彩借鉴吸收了中国传统的色彩观，追求师法自然的美学思想，吸收水墨画

表现语言，打破了以往西方油画注重客观物体形态的桎梏，不再依赖形体固有的颜色和光感，注重表现"诗情画意"的美感，带有中国文化含蓄内敛、柔中带刚的气质。意象性油画的色彩带有一种朦胧的诗意美，画家采用和谐统一的颜色、虚化的形态，传递出如诗如画、灵动坦然的气韵与精神，如同诗人一般融入自然，经过主观感知颜色，借物绘心，以物观心。诗意的体现便是画的灵魂所在。意象性色彩表现的诗意性是含蓄的，含蓄中带着沁入人心的力量，在含蓄又丰富的诗意情调中，观众随性发挥自己的想象力，感受意象性油画作品营造的诗意境界，与作者产生思想与灵魂上的共鸣。可以说，意象性本质上是诗意文化的外现。

颜色抽象形式是指以点、线、面和色彩在画面中的形式构成，它与颜色表现形式的不同之处在于，颜色表现中的造型设计是对客观事物的主观夸大与扭曲，而颜色抽象的造型设计完全摒弃了客观事物的外在表现形式，对其进行简化、提炼、夸大、重组等，以形式构成画面的整体面貌，强调自身最本真的绘画语言，易产生特有的色彩抽象表现效果。

## 7.4　色彩写生与表现

在科技发达的今天，写生和过去不一样，再纯粹地客观再现景物已不是目的。色彩写生，是对美的一种探索和体验。大自然是一切自然之美的源泉，地球上每一个生命从诞生到成长，都离不开大自然的呵护。色彩写生注重的是审美体验，通过观察大自然各种形式的美，进一步体会其中的美妙。一处砖瓦、一面白墙、一个山丘或一片麦田等，只要用心观察，都可以发现它们的特色，融入自己的情感，用自己的方式进行表达。领略自然的风光，即使花花草草平淡无奇，砖砖瓦瓦破旧衰败，只要角度不同，就会被有心的画家挖掘出各式各样的美。大自然的光、温度的变化使得景物会呈现出不同的效果。随着社会文化的进步，艺术也进入一个新的时代，各种表现形式与绘画风格不断涌现。这就要求我们在继承传统绘画的基础上不断创新，以更好的艺术表现方法、形式阐释艺术美。

### 7.4.1　客观表现

在自然环境中，要总结色彩、光线、形体等诸多要素，把握画面整体色彩倾向以及色彩冷暖关系、色彩氛围与情境等。作者要控制好画面的整体关系，尊重客观现实，应当通过主观观察和思维在心中形成画面，即"景在眼中，画在心中"。同时，也要强调作者的内心感受，经过分析、理解、比较，从客观认识景物转化到主观艺术表现上来。眼前似曾相识的风景，也许就是梦里向往的地方，这时要锁住你脑海的画面，让你的作画过程自始至终接近你脑海中的画面。塞尚、德朗、莫兰迪、贾克梅蒂等一批画家非常注重形式元素：以纯视觉形式理解世界，指向现实世界的客观真实性（见图 7.12）。

图 7.12　静物（莫兰迪）

### 7.4.2　主观感受

我们在自然世界中要带有目的性地观察、感受、体会，捕捉瞬间产生的视觉印象，也就是我们常说的第一印象。色彩写生是个动态的过程，阳光在变，气候在变，心情也会变。有时突然觉得阳光刺目、令人眩晕，这就是"第一印象"。第一印象是绘画感性认识中较为生动、准确的一种形式，这种形式感受建立在对自然中事物整体观察的基础上，有助于人们建立一种良好的观念和意识，其中有观者对景物的主观认识，也有自然物象对人的影响。作者要把握主观与客观的双重性，形成自我对事物的认识，在不断变化的自然状态下，学会抓住第一印象，强化主观感受（见图 7.13）。

图 7.13　风景（林风眠）

### 7.4.3　思想升华

正确的观察方式源于正确的思维观念。写生创作方式更能强调思想的升华，与传统的创作模式和创作手法相比更加灵活、生动。这种写生创作方式需要作画者以自我的艺术修养和强烈的内心感受为主、以高超的造型技巧能力为辅，明确表现主题与画面内涵，使画面的空间、色彩、形态表现等诸多元素相融合，创造一种完整而又统一的画面风格（见图 7.14）。

图 7.14　江南的春（苏天赐）

### 7.4.4　意境体现

意境是艺术的灵魂，是人通过了解客观事物、反映客观事物中精粹部分的集中表现，加上人的思想情感的酝酿，经过高度的艺术加工达到情景交融、托物言志、借景抒怀的效果，从而表达出来的一种艺术境界。意境是主观与客观高度相融的产物，是情与景、意与境的统一，体现了创作者的情思和感受。吴冠中先生 20 世纪 70 年代的油画作品《长江三峡》就有画家胸怀祖国美好江山的崇高境界，就是自然美、生活美、艺术美三者相融合的体现，体现了"外师造化、中得心源"的核心理论。西方色彩绘画传入中国也有很长时间了。在这个过程中，中国人的情思和审美习惯潜移默化地影响色彩艺术的发展方向，使之逐渐趋向本土化、民族化（见图 7.15）。

图 7.15 长江三峡（局部）吴冠中

## 本章小结

本章介绍了色彩的装饰性和意象性，以及色彩写生与表现方法。

## 思考与练习

列举几幅体现色彩的装饰性和意象性的作品。

PART
THREE

第三部分　设计实践模块

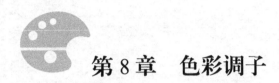

# 第8章 色彩调子

无论是画家还是设计师,在掌握色彩知识以后,最终都要完成的工作是进行色彩的创造。从实质上说,一切以色彩作为表现手段的创造,都是在架构色彩,也就是色彩的构成、色彩的设计。下面对色彩的调子、色彩的构图方法以及色彩在现代设计中的应用进行分析。

调子是一种色彩结构给人的整体印象,色彩的调子主要由明度基调、颜色基调和色彩的节奏等因素决定。

## 8.1 明度基调

色彩的明度基调指一个色彩结构的明暗及其明度对比关系的特征。在设计中,整体的色彩是暗还是亮,是明度对比强烈还是柔和,这种明暗关系的特征,将决定设计色彩的效果。

按照孟塞色立体明度色阶表,可将色彩的明度划分为 10 个等级(如图 8.1 所示)。明度在 0~3 度之间的色彩为低调色。色彩明度对比的强弱可以这样划分:按照从 0~10 的明度色阶表,3 度差以内的对比为明度弱对比,3~5 度差以内的为明度中间对比,5 度差以上的为明度强对比。

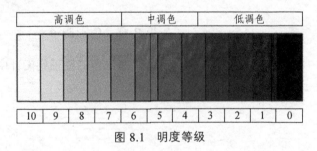

图 8.1 明度等级

如果画面上面积最大并能起主导作用的色彩为高调色,同时又存在着强明度差,这样的明度基调可以称为高长调。以此方法类推,可以大致分为 10 种明度基调。

## 8.1.1 低长调

暗色调含强明度对比。色彩效果清晰、激烈、不安、有冲击力(如图 8.2 所示)。

低长调一

低长调二

图 8.2　低长调

## 8.1.2　低中调

暗色调含明度中间对比。色彩效果沉着、稳重、雄厚、迟钝、深沉（如图 8.3 所示）。

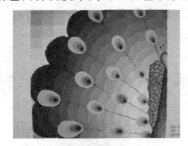

低中调一

低中调二

图 8.3　低中调

## 8.1.3　低短调

暗色调含弱明度对比。色彩效果模糊、沉闷、消极、阴暗、神秘（如图 8.4 所示）。

低短调一

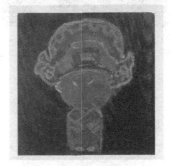

低短调二

图 8.4　低短调

## 8.1.4　中长调

中灰色调含强明度对比。色彩效果力度感强、充实、深刻、敏锐、坚硬（如图 8.5 所示）。

中长调一

中长调二

图 8.5 中长调

### 8.1.5 中间中调

中间灰调含中明度对比。色彩效果饱满、丰富、较含蓄有力（如图 8.6 所示）。

### 8.1.6 中短调

中间灰调含弱明度对比。色彩效果有梦一般的朦胧感，模糊、混沌、深奥（如图 8.7 所示）。

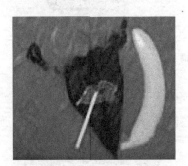
中间中调一

中间中调二

图 8.6 中间中调

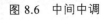

中短调一

中短调二

图 8.7 中短调

### 8.1.7　高长调

亮色调含强明度对比。色彩效果亮、清晰、光感强，活泼而具有快速跳动的感觉（如图 8.8 所示）。

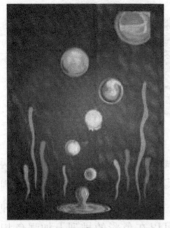

高长调一

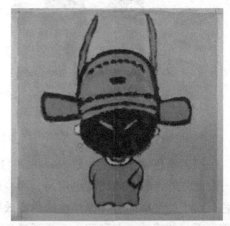

高长调二

图 8.8　高长调

### 8.1.8　高中调

亮色调含中明度对比。色彩效果柔和、欢快，明朗而又安稳（如图 8.9 所示）。

### 8.1.9　高短调

亮色调含弱明度对比。色彩效果极其明亮，辉煌、轻柔或有不足感（如图 8.10 所示）。

图 8.9　高中调

图 8.10　高短调

（10）全长调。

暗色和亮色面积相等的强明度对比。色彩效果极其矛盾、生硬、明确，具有单纯感（如图 8.11 所示）。

图 8.11 全长调

按照孟塞色立体明度色阶表，在 7~10 度的高调色中，只含有纯黄、纯绿两个饱和色。除此之外，橙色的纯度也偏高，而冷色系的色彩纯度都偏低。因此，在高调色中，暖色系由于纯度高而有辉煌华丽的色彩效果。相反，冷色系由于纯度低而有一种清淡、素雅、不足的感觉。在高调中，为了避免色弱感，可以在色彩的排列上加强色相的对比节奏，这样可以增强高调色的色彩力度。

低调色只含有一个饱和的蓝紫色。低调色由于颜色很暗，有一种重量感和物质感。它的暖色系有沉重、浑厚、温暖的感觉，冷色系与其相对照有一种轻的透明感。在处理低调色时，加强冷暖对比可以增强低调色的生动感。

在图 8.1 中，4~6 度的中间色调包含最多的饱和色。处于中间色调的颜色在纯度、明度上都具有一种充实感，色的力度感很强，因此中间色调的使用范围最广。用中间色调与高调色和低调色比较，我们会发现这样的现象：高调色和低调色因淡化和暗化而使纯度受到抑制，这使高调色和低调色的色彩产生了一种局限性，而这种局限性又造成了一种统一感。在中间色调中，色相的纯度很高，因此色相对比很强，色彩表现的局限性小。正因为如此，在处理中间色调的色彩结构时，要注意对色彩有限制地使用，以免造成混乱。

任何一个饱和色，在明度色阶表上都有一个确定的位置。当它的明度改变之后，纯度也一定朝着淡化和暗化的方向减退。

## 8.2 颜色基调

颜色基调，主要体现为色彩结构在色相及纯度上的整体印象。一个整体色彩，是倾向暖色还是冷色，是偏向橙红还是偏粉红，是鲜艳的饱和色还是含灰的色，这个基本的印象对整个色彩所要表现的情绪和美感有极大的影响。对色调的把握，主要体现在色量的控制上。如果要寻求有倾向性色相的色调，就应该先确立主色，并让主色的面积大到足以使整体的色彩倾向于它，然后根据需要适当搭配其他的色彩。有色相倾向的色调具有明显的表情特征，属于色相类似调和的结构。图 8.12 是室内设计中颜色基调的四个图例。

图 8.12　室内设计颜色基调

颜色基调又是强调对比关系构成的，不同的对比有不同的效果，如强冷暖对比和弱冷暖对比，强对比的基调是比较激烈的，弱对比是含蓄柔和的。如图 8.13 所示。

图 8.13　冷暖对比

## 8.3　色彩的节奏

在色彩设计中，颜色的面积、形状、肌理、明度、纯度、色相、位置、方向等因素，往往处于变化的状态，若能够给这些变化的状态以一定的秩序，也可以产生调和。不同的色彩节奏，体现不同的运动秩序，也就产生不同的色彩效果。

### 8.3.1　面积的节奏

在同一视场内，颜色的相处必然存在一定面积的体量关系。不同面积的比例和不同的面积秩序，会产生不同的色彩效果，即色彩面积的节奏。

在色彩面积的节奏变化中，颜色面积的大小和多少，以及面积的秩序变化是两个主要的决定要素。

首先，在视场内大面积的颜色在画面中起支配作用，控制整个画面的色调。而小面积的颜色处于从属位置时，又会发生自卫性的反应。因此画面的色彩效果会显得十分活泼和生动。在色彩面积的比较中，各色之间的面积反差越大，节奏感就越强，效果也就越好。如图 8.14 所示。

其次，当改变色彩面积的某种秩序时，色调也会随之改变。这是决定色彩面积节奏的又一主要要素。即在面积比例不变的条件下，通过改变面积的秩序，可以实现色彩节奏的变化（见图 8.15）。

图 8.14　色彩面积对比

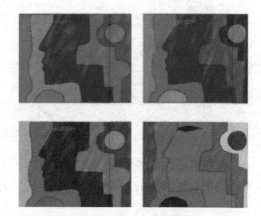

图 8.15　色彩面积秩序

选用红、绿、黄、蓝四种颜色，如表 8.1 所示，设定图案中四种颜色的面积比例分别为 60%、30%、7%、3%。随着色彩秩序的变化，便会看到相应的色彩变化。

表 8.1　色彩面积节奏秩序

| 比例<br>秩序 | 60% | 30% | 7% | 3% |
| --- | --- | --- | --- | --- |
| A | 红 | 绿 | 黄 | 蓝 |
| B | 绿 | 黄 | 蓝 | 红 |
| C | 黄 | 蓝 | 红 | 绿 |
| D | 蓝 | 红 | 绿 | 黄 |

表 8.1A 行中，由于红色面积占绝对优势，控制着整个画面的色调，所以构成了以红色为主调的红、绿对比，黄蓝点缀的效果，称作红、绿对比的色彩效果。

表 8.1B 行中,由于绿色的面积占绝对优势,控制着整个画面的色调,所以构成了以绿色为主调的绿、黄对比的色彩节奏。

表 8.1C 行中,由于黄色的面积占绝对优势,控制着整个画面的色调,所以构成了以黄色为主调的黄、蓝对比的色彩节奏。

表 8.1D 行中,由于蓝色的面积占绝对优势,控制着整个画面的色调,所以构成了以蓝色为主调的蓝、红对比的色彩节奏。

与此同时,当颜色的选择有明显明度差异时,会构成明度不同的强、中、弱等色彩对比的节奏。当颜色的选择有明显纯度差异时,还会构成纯度不同的鲜、中、浊等色彩对比的节奏。

### 8.3.2  形状的节奏

色彩形状的节奏是指色彩与形状相结合时,所表现出的强烈、紧张或放松、柔和等不同的心理情绪。有时因色彩形状的改变,还会改变色彩对比的性质。因此,色彩形状的节奏是指形状对色彩的统摄功能和作用。

#### 8.3.2.1  形状的聚散

色彩形状的聚散关系,不反映色彩面积大小的变化。因为无论色彩面积是聚还是散,每个颜色的和都是相等的,如图 8.16 所示。

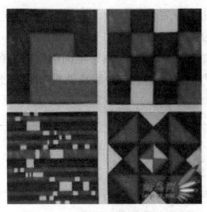

图 8.16  色彩形状聚散节奏

形状的聚与散,直接影响色彩节奏的强与弱。形状越集中,色彩的节奏感就愈强,视觉冲击力就越大。相反,形状越分散,色彩的节奏感就愈弱,视觉冲击力也就越小。色彩的形状非常小时,会发生色彩空间混合,从而改变色性。可见,形状的聚与散是影响色彩节奏的强弱和大小的重要因素。

#### 8.3.2.2  形状的表现力

色彩形状以及形状方向的改变还能改变色彩固有的节奏,并能产生一种强调、突出和紧张的张力，或产生一种柔和、轻松和后退的收缩力。如图 8.17 中，当鱼身的色彩图形使用的是光滑的椭圆形状时，色彩的对比会十分强烈而突出，容易产生不协调的色彩感觉。如果改变一下形状，效果就会截然不同。图中鱼身不规则部分的图形已使对比的两色相互渗透，发生空间混合效应。所以，整体的色彩对比在不改变颜色面积的情况下，会变得十分协调。这是形状表现出的一种对色彩的统摄能力和整理能力，体现了色彩对比过程中形状的表现力，是一种形状赋予色彩的外力。我们把这种因形状的改变——加强或削弱了原有色彩的节奏过程，叫作色彩形状的节奏。

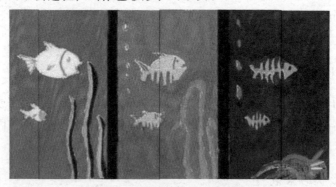

图 8.17 色彩形状表现力节奏

### 8.3.3 位置的节奏

由于颜色间在构图中所处位置（如上下、左右和远近等）不同而发生的色彩强、中、弱等节奏变化，称为色彩位置的节奏。

例如，图 8.18 所表示的白色和橘黄色两种不同的颜色，在构图中的距离越远，对比的节奏感越弱，视觉冲击力也就越小。随着距离的推近，对比的节奏开始增强，视觉冲击力也就加大。

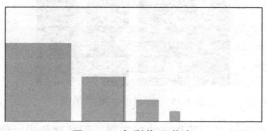

图 8.18 色彩位置节奏

### 8.3.4 肌理的节奏

色彩肌理的节奏，主要是指由于物体表面结构特征的变化而发生的色彩差异和节奏。由于各种材料表面组织结构的肌理不同，吸收与反射光的能力也不同，所以肌理表面的色彩节奏也就各异。即便在明度、纯度、色相都相同的条件下，由于选择的材料不同，色彩的感觉也会有所变化。

一般来说，表面肌理光滑的材料，反光能力强，给人明度提高一级的感觉。而表面肌理粗糙的材料，反光能力弱，给人明度降低一级的感觉。图 8.19 为色彩肌理节奏的效果图。

图 8.19　色彩肌理节奏效果

色彩的肌理可分为视觉肌理和触觉肌理，特别是视觉肌理，可以引起人们不同的感受，增强色彩的节奏。如何通过技法去表现肌理，是所有设计师和艺术家们面对的课题。

### 8.3.5　色彩节奏的构成设计

#### 8.3.5.1　面积节奏的构成设计

面积节奏的构成设计，是采用图形中的不同面积比例和变换面积不同的色彩秩序来变化色彩节奏的一种色彩结构设计。例如，在 CI 设计中，企业的标准色按规定是不可变动的要素，而企业的产品设计又是围绕企业的标准色进行的。用面积节奏的设计方式可以使有限的颜色丰富起来，并改变色彩的色调品质，尤其适用于系列化产品的色彩设计，使各品种之间的色彩既有内在的联系，又有个性的表现，满足不同层次使用者的需求。

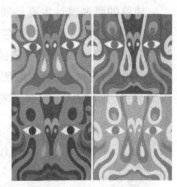

这种面积节奏设计的显著特点是：定形、定色、换位。所谓定形，是指每个图形中的图案都是相同的和固定不变的。定色，是指每个图形中所使用的颜色都是相同的和固定不变的。而换位，则是指在图形不变和选择的颜色不变的条件下，通过变换色彩在图形中的面积位置来变换色彩面积，实现色彩秩序设计（如图 8.20 所示）。

图 8.20　面积节奏构成设计

#### 8.3.5.2　形状节奏的构成设计

形状节奏的构成设计，是通过不断变换颜色形状的聚散关系和通过改变设计中图形的形状，达到改变色彩自身固有节奏和色彩性质的目的的一种设计形式。该设计显著的特点是定色、定量、不定形。所谓定色，即每个图案中使用的色彩不变，是固定的。定量，即每个图案中的同一种颜色的总和是等量和固定不变的。不定形，即可以随意改变形状和形状的聚散关系。形状节奏的构成设计如图 8.21 所示。

#### 8.3.5.3 位置节奏的构成设计

位置节奏的构成设计，主要是研究由于色彩图形在图案中所处的位置不同而发生的色彩节奏变化。这种变化的传导方式是视觉冲击力。而视觉冲击力的强弱或大小又是由形与形之间的上下、左右、远近等位置的改动，以及所产生的视场力的变化和平衡等决定的。色彩位置节奏设计显著的特点是定形、定色、不定位。位置节奏的构成设计如图8.22所示。

图 8.21 形状节奏构成设计

图 8.22 位置节奏构成设计

#### 8.3.5.4 肌理节奏的构成设计

肌理节奏的构成设计，分抽象的肌理设计和具象的肌理设计。

抽象的肌理设计主要是通过对色彩进行挤、压、滚、吹、洒、印等处理，感受同一颜色由于不同的表面结构所带来的不同色彩节奏和变化。

具象的肌理设计比抽象的肌理设计增加了很多难度。具象的肌理表现必须依托图形，与内容结合，并为主题服务，构成材料的表面结构、图案形式和主题内容等三位一体的形式。图8.23为肌理节奏的构成图。

（a）抽象肌理设计

（b）具象肌理设计

图 8.23 肌理节奏的构成图

## 本章小结

色彩调子是一种色彩结构的整体印象，色彩的调子主要由明度基调、颜色基调和色彩的节奏等因素决定。

## 思考与练习

1. 完成一个色彩面积节奏的构成设计。
2. 完成一个色彩肌理节奏的构成设计。

# 第9章 色彩在现代设计中的运用

色彩的运用在现实设计中起着至关重要的作用，无论是平面设计、室内设计、产品设计还是服装设计都离不开色彩，色彩在这些设计领域中是最醒目、传播最快速、最简单明了的视觉化语言。色彩运用的成功与否直接关系到设计的好坏，在设计中只有遵循色彩构成的基本方法，根据具体的设计主题来合理搭配色彩，引人关注，才能不断满足人们对色彩的需求。

设计的实质是将设想、计划通过可视化的表现达到具体化的过程。设计的风格千变万化，具体的设计项目种类繁杂。透过设计千变万化的外部形式和具体项目种类，依据其基本功能进行分类，可以将设计归纳为三大类：第一类，主要为实现信息传达而进行的视觉传达设计；第二类，主要是为了合理满足人们生活空间不同需要而进行的环境设计；第三类，主要为满足各种使用功能而进行的产品设计。服装设计虽然也属于产品设计的范畴，但因为其有相对独立的功能、工艺要求，以及比较个性化的设计理论体系，所以常常被理解为一个相对独立的设计领域。

## 9.1 视觉传达设计中的色彩设计

视觉传达设计是指利用视觉符号来传递各种信息的设计。视觉传达包括"视觉符号"和"传达"两个基本概念。视觉传达设计是为现代商业服务的艺术，视觉传达设计的基本领域主要有标志设计、包装设计、字体设计、图像设计、编排设计、书籍设计、广告设计、视觉形象识别系统设计等。由于这些设计都是通过视觉形象的方式传递给消费者的，因此称其为"视觉传达设计"。

视觉传达设计主要以文字、图形、色彩为基本要素进行艺术创作，色彩作为一种视觉语言，是视觉传达设计中非常重要的表现要素。

在视觉传达设计中，色彩应用的一些常用原则和方法如下。

### 9.1.1 传达对象属性

视觉传达设计的色彩与对象内容的属性之间长期自然形成了一种内在的联系，每一类别的商品在消费者的印象中都有着根深蒂固的"概念色""形象色""惯用色"，人们有凭借视觉传达设计的色彩对商品性质进行判断的视觉习惯。这是由于人们长期感情积累，并由感性上升为理性而形成的特定概念，是人们判断商品性质的一个视觉信号，因而它对视觉传达设计的色彩设计产生了重要的影响。如果将产品的固有形象色直接应用在包装上，会使消费者获得一目了然的信息，利用商品本身色彩再现于包装上，能给人以物类同源的联想，增加商品的表达能力，使人产生购买欲望。

### 9.1.2　符合整体策划

在激烈的市场竞争中，许多企业为了突出企业形象，提升产品的附加价值和识别度，在视觉传达设计中以企业形象用色为基本元素进行设计，以使不同的传递媒介具有统一的画面色彩。统一的识别性使消费者很容易通过色彩形象识别企业，而企业良好的形象自然地给消费者带来可信度和品质感。

### 9.1.3　依据地域特征

由于风俗、宗教、喜好的差异，不同地域的人对色彩有不同的理解。同一色彩会引起不同地域的人各不相同的习惯性联想，产生不同的甚至相反的爱憎感情。所以，视觉传达设计必须重视地域习俗所产生的色彩审美倾向，不可随心所欲，要避其所忌，符合当地人们的色彩审美习惯。

### 9.1.4　合理安排"主体色"与"背景色"

在视觉传达设计中，主体与背景所形成的关系是主要的对比关系，在处理主体与背景色彩关系时，要考虑两者之间的适度对比，以达到主题形象突出、色彩效果强烈的目的。对比色之间的关系具有鲜明、强烈、饱和、华丽、欢乐、活跃的感情特点，浓郁的色彩对比关系可获得强烈的视觉冲击力。

### 9.1.5　整体统一，突出局部

设计给消费者的最初视觉感受取决于整体色彩的色调，面积最大的颜色性质决定了整体色彩的特征，依照调和的配色方法，就可以得到不同的色调效果。调和色相对来说比较柔和、优雅和协调。由于调和色具有较强的相似色因素，对比不强烈，色彩容易产生同化作用，在面积相仿的情况下，调和色的观感就比较柔和，在面积不相仿的情况下易造成平淡单调、缺乏精神和视觉冲击力。因此，为了达到既调和又醒目的效果，一般采用面积之比较悬殊的布局，色彩呈现出流动感、醒目感。不过，一味强调整体色调的统一，会使画面缺少生机和活力，适当调整组合色彩的面积之比，运用小面积的与主体色调相对比的色彩，则可以使画面突出，使设计主题得到加强。

### 9.1.6　广告色彩

商业广告的目的是宣传品牌、推销产品，因此设计师们在为客户制作广告的时候，必须结合产品、市场与消费者心理三者进行综合考虑，其中广告的色彩对于视觉传达特别是广告祈求的影响尤为重要。

广告中的色彩主要是向消费者传达某种商品信息，因此广告色彩的设计必须考虑消费者的消费心理与接受心理。广告色彩通过不同的色彩语言传达出商品的个性特质，使之更易识别而被人接受，因此商品的色彩有着特殊的诱导消费的作用。图 9.1 为几个著名公司的产品广告，其中的色彩是商品品质的象征、品牌的标志。

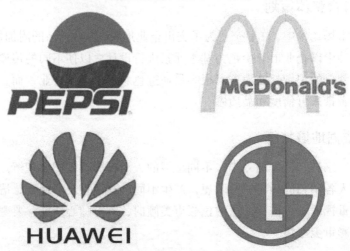

图 9.1　著名公司产品广告色彩

在广告设计中，运用商品的形象色来直接表现商品形象，能增强商品的真实感和直观效果。运用色彩的味觉来表现商品，可使人产生味觉的联想。运用色彩设计原理营造画面的情调和意境，可间接地使无具体形象的商品或习惯性商品的特点得到充分体现。如用红、橙、黄等构成的暖色调来表现水果、食品，能很好地突出其色、香、味的特点，使画面充满诱人的美味感。

在广告设计中，色彩的搭配是灵活多变的，主要由广告的内容所决定，受到商品直接色、商品习惯色和色彩情感的影响。一则以色彩取胜的广告，应该打破人们头脑中固有的色彩概念，摒弃各种条条框框，大胆用色。根据商品色进行配色也是常用和稳妥的一种配色方法，比如咖啡的褐色调子、食品的暖色调子、新鲜食品的绿色调子，这些都几乎成了配色设计中的法典。

在广告设计中，必须重视色彩的心理因素，只有把握住消费者的色彩心理，才能真正实现广告创意的视觉传达功能。

色彩与文字相比，具有先天的视觉捕捉能力。广告中的色彩更加能够淋漓尽致地彰显产品的优点和特色，使消费者易记、易识，并激起其购买欲望。因此，即使广告内容相同，印刷精美的彩色广告要比单色广告更吸引眼球。虽然彩色广告的成本会高出很多，但是其广告效应亦非其他广告可比。

在广告的色彩应用中，相同的图形，暖色比冷色更具亲和力。因此，在设计中要根据广告的内容和视觉效果来选择冷暖基调。适当的金属色运用能够强化广告产品的品质感。

色彩在广告设计中的应用如图 9.2 至图 9.5 所示。

图 9.2　色彩在广告中的应用一

图 9.3　色彩在广告中的应用二

图 9.4　色彩在广告中的应用三

图 9.5　色彩在广告中的应用四

### 9.1.7　包装色彩

商品包装的主色调能够直接抓住消费者的注意力，使之通过一系列的联想，引发占有欲，促成消费行为。在各类商品令人目不暇接的时候，商品的包装尤其是包装的色彩可以直接诱导购买决策。图 9.6 是几个优秀的产品包装设计。

图 9.6　产品包装设计

优秀的包装设计的色彩能够帮助识别商品，强化记忆，扩大隐性购买群体。由于色彩与形状相比，在吸引眼球方面具有时间的优势，因此要让商品脱颖而出，必须强化商品外包装色彩的独特性，提高视觉冲击力。在企业形象标志的VI系统中，企业识别色的运用情况是VI系统成功的关键。

随着经济的发展，全球经济一体化的趋势要求包装设计的色彩运用更加标准化、规范化，而新颖个性化的设计是产品形象优化的标杆，是企业赢得竞争的必要条件。

### 9.1.8　标志色彩

色彩对于标志非常重要，因为标志主要靠色彩与图形传达信息，因此色彩的视觉传达功能显得尤为重要。标志设计中的色彩多为企业或产品的标准色，具有相对的恒定性，这种色彩在反复出现，能够强化消费者对产品乃至企业的认知度，对于建立品牌意义重大。标志设计的色彩搭配，首先要求考察目标消费群体的色彩喜好或色彩禁忌，通常情况下要求用色单纯，因为标志对易识、易记的要求相对较高，而复杂的色彩搭配会增加识别的难度。图9.7为一些标志的设计实例。

图9.7　标志设计实例

标志色彩搭配方法大概如下：

① 无彩色搭配。黑、白、灰搭配。色彩简洁、明快，视觉效果直接干脆。

② 原色搭配。颜色单纯，对比强烈，鲜艳夺目，视觉传达效果显著。

③ 同类色搭配。选用不同明度或纯度的某种色彩的组合进行搭配，比较和谐、流畅。

④ 补色搭配。色彩效果格外鲜明，有强烈的视觉冲击力。

### 9.1.9　书籍装帧色彩

从视觉艺术角度来说，色彩可称得上是装帧设计的第一要素，对于书籍装帧极为重要。色彩传达的情感丰富而细腻，因为它能通过人眼的生理功能和冲击作用影响心理，产生情绪的波动，使读者对图书爱不释手，产生购买行动。

封面、插图和扉页等在书籍装帧设计中占有突出的地位，它们的色彩运用是影响书籍的重要因素。

#### 9.1.9.1　封面的色彩

封面可以说是书籍装帧中的"门面"，其设计是在平面上运用视觉语言揭示书籍的内容或性质。随着我国艺术设计的发展，对于封面设计的要求不是停留在堆砌文字和图形、如实传达信息层面，更需要结合书籍的丰富内涵传达意境和视觉艺术美感，形式上做到主次分明、层次清晰、简而不空。其中，色彩的处理是直接影响书籍封面设计的重要一环。

色彩作为令书籍封面设计引人注目的主要艺术语言，得体的视觉表现和艺术处理能吸引读者的视觉，为整个书籍创造良好的第一印象。在设计封面色彩时要重视封面的功能，合理处理色彩块面的并置关系，可以通过色相、纯度、明度对比的效果来表达不同的内涵和思想，同时还要注意色彩的对比关系，在对比中求统一、协调，达到平衡的艺术美感。

#### 9.1.9.2　书脊的色彩

书脊是整体造型的重要因素，面积虽小但是封面和封底的连接点。当图书立于书架上时，这有限的面积就成为图书销售中的促销"先锋"：在内容上，它首先交代了书名、作者及出版社；在艺术处理上它是全书设计的纽带，又作为图书整体形象的代表最先呈现在读者眼前。书脊的色彩运用常通过单纯的、对比强烈的色块来吸引读者视觉，与封面和封底统一于同一平面，使读者与作者产生共鸣，给读者深刻的第一印象。因此，其感染力不可忽视。

#### 9.1.9.3　扉页的色彩

扉页就像书里的"屏风"，一般是在封面后的第一页或第二页，印上书名、作者姓名、出版单位等，即封面与正文部分的过渡。扉页的色彩与封面的要求有所不同，它也许没有太多的视觉冲击，色彩的对比度也不会过于强烈，更多的是比较安静地存在，与图文共同组合，作为整个书籍装帧的辅助，体现书的格调和内涵。

#### 9.1.9.4　书籍插图的色彩

插图设计是活跃书籍内容的一个重要因素，常用于诠释文字内容、辅助版式、丰富书籍视觉表现。目前书籍里的插图设计主要是绘画创作稿、摄影作品和电脑设计图形等几种，而每一种都通过图案元素与色彩来表达作的艺术性，如摄影作品多客观地表达事物，强调固有色、光源色与环境色的调和搭配；绘画创作类插图形式自由，色彩主观、简练，重视情绪的表达；而多用于科幻非现实的电脑设计类插图则追求夸张、浓烈的装饰色彩。

#### 9.1.9.5　书籍内文部分的色彩

内文是书籍的核心，也是读者接触最为密切的部分。随着读者对书籍要求的提高，版面设计包括色彩的运用也成为整个装帧设计中不可忽视的一部分。

内文的色彩运用要求与各种设计元素相融合，符合图书的性质，服务于读者对象。灵活调整色彩在版面的面积比例关系和色块的形状、位置，主动依靠先进的材料和工艺来服务色彩的功能性是内文色彩运用的方法：在文字部分依据书籍格调，用不同的颜色来区别标题、正文与页码等，可使书籍既利于阅读又刺激情绪。很多书籍在内文页面使用调和的色彩作为底色，有的直接采用黄、绿色的承印纸张，以达到保护视力、减轻视觉疲劳的目的，这在现在的儿童读物、教科书中都已科学地运用。陶瓷、剪纸、戏曲脸谱等艺术气息浓厚的书籍的内文部分，更需合理运用色彩来与主题统一，增强其个性和韵律。

书籍装帧设计的色彩不是孤立的，色彩之间不同的配置关系能够传达出千变万化的情感诉求。确定了图书设计的主色调与色彩组合的基本定式以后，需要进一步研究表现书籍装帧设计的基色、图形色调以及书名、丛书名、作者名、出版社名、广告语等各种不同文字的色彩，以及各种色彩之间的主次、轻重、强弱、调和、对比关系，综合体现书籍内容所要求的色彩表现的整体氛围。

图 9.8 是封面设计的实例，图 9.9 是版面设计的实例。

图 9.8　封面设计

图 9.9　版面设计

## 9.2　环境设计中的色彩设计

环境设计包括的范围很广泛，如建筑设计、室内设计、环境小品设计、公共艺术设计、城市规划设计等。色彩对人的影响是深远的，当它作用于环境时，会使人对环境产生不同的审美感受。色彩作为环境设计的一个重要方面，可以改善环境功能并使环境具有美感。

### 9.2.1　环境设计中色彩的作用

#### 9.2.1.1　功能性作用

色彩具有物理属性，不同的颜色对光线有不同的反射程度，如长波系的暖色反射率大，短波系的冷色反射率小。反射率越小，色彩吸收的热能越多。色彩的这种特性可以应用于对光热指标有要求的环境设计中。如粮仓或油库的建筑设计，把屋顶涂上银色反光材料，可以经济有效地降低室内温度。

#### 9.2.1.2　审美性作用

色彩能丰富空间层次，强化环境特征，完善和统一环境设计。

色彩有进退感，暖色、高明度色有前进、膨胀感；冷色、低明度色有后退、收缩感。利用色彩的这些特点，可以改变环境的空间层次感，对环境中物体的比例关系进行一定的调整，使其看起来更协调。同时，色彩的对比关系或排列组合方式还可以使环境产生主次关系，达到强调节奏、美化环境的效果。

#### 9.2.1.3　识别性作用

色彩在环境中的差异起着识别的作用，可以传达多重信息，如划分空间层次，区分功能区、材料、结构等。如法国的蓬皮杜现代艺术中心，采用色彩区分不同的供暖管道系统：红色表示交通系统，绿色表示供水系统，蓝色表示空调系统，黄色表示供电系统等，体现了设计的条理性，使该建筑有极强的视觉识别性。

#### 9.2.1.4　情感性作用

色彩除了能引起人们的心理、生理反应外，还可以引发人们的联想，产生不同的象征意义，暗示某种抽象的精神。环境设计可以借用色彩传达某种信息，如中山陵建筑的蓝色琉璃瓦屋顶，象征着孙中山先生博大的胸襟和志向。不同环境下的人都有自己所喜爱的色彩。环境色彩具有的象征意义，在某种程度上传递着文化信息，对于我们理解环境的文化内涵具有重要的意义。

### 9.2.2　室内环境中的色彩设计

研究表明，当人们进入某个室内空间的时候，最初吸引他们有七成是空间色彩。色彩是室内设计中给人第一印象的重要因素。

室内设计中我们应该把握的色彩设计原则主要有以下一些。

#### 9.2.2.1 追求统一的原则

在现代室内设计中，人们追求色彩整体的和谐统一。当然对整体统一的要求，并非要求色彩完全一致，而是整体和谐，局部对比，在统一的基础上求变化。为了取得统一又有变化的效果，大面积的色块不宜采用过分鲜艳的色彩，小面积的色块可适当提高色彩的明度和纯度。此外，室内色彩设计要体现稳定感、韵律感和节奏感。为了达到空间色彩的稳定感，常采用上轻下重的色彩关系。缤纷的色彩给室内设计增添了各种气氛，和谐是控制、完善与加强这种气氛的具体手段，一定要利用好和谐与对比的关系，这样才能使室内色彩整体统一在一个很好的气氛中（如图9.10所示）。

图 9.10　室内设计

#### 9.2.2.2 符合人的感情规律的原则

不同的色彩会给人的心理带来不同的感觉，在确定居室与饰物的色彩时，要考虑人们的感情色彩。在室内设计中，一定要把人的感情因素考虑在内，根据不同的使用人群来规划设计。例如，可用鲜艳色彩调剂军营的单调色彩；老年人适合具有稳定感的色系，沉稳的色彩也有利于老年人身心健康；儿童喜欢纯度较高的色系、活泼的色彩。

#### 9.2.2.3 符合空间环境原则

在室内环境中，色彩配置必须符合空间构图的需要，充分发挥室内色彩对空间的美化作用，而室外色彩与室内色彩有密切关系。因此在室内设计中，应充分考虑把自然色彩引入室内设计，以创造室内空间的自然气氛。所以，自然界草地、树木、花草、水池、石头等，都是装饰点缀室内装饰色彩的重要元素。

——办公室的色彩设计

办公室是从事脑力劳动的公共空间，其色彩设计的目的在于提高群体的工作意欲与效率，改善氛围以减轻疲劳。办公室的色彩设计必须考虑以下各点。

（1）尽量避免使用萎靡、呆板、沉闷、阴暗的色彩，如大面积的暗灰、深蓝与暗紫等。

（2）尽量避免使用过分刺激的色彩，如大面积的红、橙等过于引人兴奋的色相，或如纯白那样过高的明度，又或如纯红、纯绿等过高的彩度。

（3）尽量避免使用过分对比或暧昧的配色，以防止烦躁不安或萎靡不振情绪的出现。

（4）考虑既适于冷静思考又不失保持工作意愿的配色关系，用稍高彩度的色彩来调节情绪也是必要的，但必须限制高彩度色彩的用色面积，颜色形状过于动感。

（5）尽量避免使用具有镜面反射或金属般高光的、过于坚硬与冷峻的表面色，尽可能使用无光或亚光的如织物般柔和的表面色。

同为处理事务的办公空间，它们的功能有差异，如一般工作室、研发工作室、接待室、会议室、领导干部专用或贵宾室等。在色彩设计中也要注意反映出它们各自的特性。

一般工作室主要用于处理繁杂的日常事务，秩序与效率是其主要要求，所以空间与家具的形式及其色调都不应过于强调个性，而应强调其秩序美，以单纯、明快与流畅的形态及中明度、低彩度色彩的配色为宜。如图 9.11 所示。

图 9.11　一般工作室

研发工作室用于处理需专注、冷静缜密思考的工作。稍稍的冷色调有益于精神的集中与思考，但应尽可能避免使用金属般坚硬冷峻的色彩。如图 9.12 所示。

图 9.12　研发工作室

一般接待室用于对顾客或一般来访者的接待，温馨的暖色调有助于双方关系的融洽发展。

　　贵宾接待室用于贵宾的接待或供本单位上层领导干部研讨问题。该空间可以适当采用天然材料与带有天然材料肌理的稍低明度暖色调的表面色，并且适当古典化、样式化。如图 9.13 所示。

图 9.13　贵宾接待室

　　会议室是与职工群体共同商讨或通报单位事情、协调职工与单位间的情感、统一步调等的空间。可采用中明度的稍暖色调来建立一个有秩序的色彩调和关系，以类似色为主，必要时可稍加小面积色彩对比。如图 9.14 所示。

图 9.14　会议室

　　——车间或厂房的色彩设计

　　车间或厂房的色彩设计，其目的主要有两个方面：一是美化环境，二是提高环境的安全性。

　　车间或厂房的色彩设计分为两部分：一部分是车间、厂房建筑的空间构件；另一部分是设置其间的机械、设备及各种管线。对它们的色彩设计分为两类。

　　第一，安全色。凡属机械、设备等的直接活动部分与管线的接头、栓等部件应施以安全色。对于调节部件，一般也应采用高彩度的色彩以便识别。车间、厂房色彩调节中的安全色，应遵循安全色标准。

第二，环境色。凡属空间构件包括地面、四壁、天花板，包括其间可见的桁架等，以及机械、设备中除了直接活动部分与管线的接头、栓等部件外，皆施以环境色，只不过机械、设备的施色应较四壁的色彩稍暗。而车间、厂房色彩调节中的环境色，除了要满足公共场所的共同要求之外，还包括自身环境独特的要求，归纳起来可有以下 6 项。

① 应使环境色形成的反射光配合采光照明形成足够的明视度。

② 应像避免裸光直射一样，尽量避免施色涂层形成的高光对视觉的刺激。

③ 应形成适于作业的、恰到好处的中高明度环境色背景。

④ 应避免配色的过强或过弱的对比度，需在有秩序的环境色中以色彩适当的对比度营造欢愉有生气的氛围。

⑤ 应避免大面积过高彩度的环境色，防止对视觉的过分刺激而积聚疲劳。

⑥ 应注意避免诸如残像之类的虚幻形象的出现，以确保安全生产。

图 9.15 为两例车间内的色彩设计图。

图 9.15　车间色彩设计

——家居的色彩设计

家居环境与公共环境相比有不同的特点，主要有两个方面：一是家居环境属于私人空间；二是家居环境往往组成以休息功能为核心的多功能组合的室内空间群。

根据功能的不同，家居的室内环境由卧室、起居室、餐厅、厨房、卫生间、客厅与书房等组成。对它们的色彩设计既要考虑其功能的共性要求，又要考虑使用者个人的色彩喜好。这种喜好取决于使用者的年龄、所接受的教育、个人阅历、个人的职业与兴趣等。个性化的色彩趣味与环境氛围是家居色彩设计的一大特征。

1）卧室

卧室是以休息与睡眠为主要功能的个人空间。人们每天的家居生活中，在卧室中度过的时间最长。根据使用对象的不同，卧室可分为主人夫妇专用的主卧室、主人老年父母使用的老人室、未成年子女使用的儿童室。卧室是特定年龄层次使用者的个人空间，设计中要更多地考虑特定年龄层次、使用者个人特有的色彩喜好。如主卧室在营造夫妇幸福生活的氛围中起到重要作用，在色彩包括照明设计时，应以稍低明度或照度为佳（见图 9.16）。

图 9.16 卧室色彩一

少儿室的色彩应与少儿天真、活泼的天性相匹配，常采用较高明度绚丽的清色，并予以适当的对比度（见图 9.17）。老年室则相反，采用稳重、安静、祥和的配色是适当的。

图 9.17 卧室色彩二

2）起居室

起居室是家居生活的重要场所，一般不宜采用过高照度的照明和高明度的色彩。稍低明度或照度、温暖的配色与光源，有助于创建宽松、舒畅的氛围。如图 9.18 所示。

图 9.18 起居室色彩

3）餐厅

一般情况下，餐厅与起居间合用，也有不少建筑将餐厅与厨房连在一起，虽然它们在功能上确有联系，但是对设计的要求往往有很大差异。餐厅的照明或色彩都应该更接近起居室而非厨房。暖色调的配色与照明还会使餐桌上的食品增添几分鲜美之感，更能诱发人们的食欲。如图 9.19 所示。

图 9.19　餐厅色彩

4）厨房

厨房是家居环境中最现代化、电气化的空间之一。厨房的色彩一般常选用低彩度、中高明度、稍冷，或至少是不热的色彩基调。年轻人的家庭有时也可以考虑面积不太大的稍高彩度或稍低明度的色彩加以对比。这样的色彩可以使厨房显得清洁卫生、整体环境色充满调和的美感，不至于令操作者感到这里是一个大烤炉。还有助于操劳的人充满劳作的快感，产生良好的使用体验。如图 9.20 所示。

图 9.20　厨房色彩

5）卫生间

卫生间既属于家庭全体成员，又是个人单独使用的空间。按功能又可进一步将其分为厕所、浴室、洗脸间等。这种功能分化的趋势在现代建筑中已日渐明显，并形成潮流。但这些空间都是功能相互关联的空间群，在色彩设计中应该更多地考虑卫生、清洁的共性。同时，这些空间又有各自的个性。如浴室采用较为温暖的色彩较为合适；厕所则不同，往往只是一个狭小局促的空间，适当的偏冷色调的后退色有利于使用；洗脸间往往是半开放的空间，故色彩设计往往可有较大幅度的变化。如图 9.21 所示。

6）客厅

客厅是家属成员接待外部来客的场所，是带有公共环境性质的空间。客厅的色彩设计在很大程度上类似于办公用房中接待室的配色，给来访者以温馨的氛围。暖色调、柔顺的表面色彩有助于相互关系的融洽。如图 9.22 所示。

图 9.21  卫生间色彩          图 9.22  客厅色彩

7）书房

书房是家居环境中接近办公室空间的场所，但它毕竟是家居环境，适当的柔和、温暖的配色与照明是必要的，在一定程度上的古典样式也是可取的。如图 9.23 所示。

图 9.23  书房色彩

### 9.2.3  室外空间的色彩设计

#### 9.2.3.1  城市色彩规划与设计原则

城市色彩美，美就美在色彩与色彩、色彩与环境的搭配上。城市色彩运用虽然没有刻板章法，但也要遵循一些原则。

1）突出城市自然美原则

对人类来说，自然的原生色总是易于接受的，甚至是最美的。因此，城市的色彩永远不能与大自然争美，而要尽量保护突出自然色，特别是树木、草地、河流、大海，甚至岩石。

2）突出人的美原则

在城市色彩设计中，要尽量使大面积的色彩不张扬、不艳丽，以突出人的美。许多城市的商业街往往从脚底到头顶到处都是争奇斗艳的色彩：脚下是艳丽的红地砖，头上是飘动的彩旗，商店外墙是大幅商品招贴画，人行道旁还矗立着灯箱广告。行走其间，人的色彩、人的美几乎被湮没了。

3）延续城市历史文脉原则

城市色彩一旦由历史积淀形成，便成为城市文化的载体，彰显城市历史文化的魅力。历史文化名城、古城，为了延续城市的文脉，应尽量保持传统色调，显示其历史文化的真实性。如果城市原有风貌已被破坏，起码应该使历史建筑、文化古迹周边的建筑色调与古建筑色调相统一。

4）服从城市功能区分原则

城市色彩也要服从城市的功能。其中有两层意思：一是指城市的整体功能，二是指城市的分区功能。商业城市与文化或旅游城市，其色彩自然应该有所区别；大城市与小城市，其色彩原则也应有区别。对于像香港这样的商业大都市来说，城市色彩服从于商业目的，即使色彩有些混乱，人们也能容忍。但对于像巴黎这样的文化名城，假如其城市色彩混乱，会对城市形象造成极大损害。米兰作为意大利最早的金融中心，其老城色调非常凝重；而威尼斯作为旅游城市，其老城色彩则活泼得多。这两者是不能置换的。欧洲一些旅游小城，其建筑色彩都比较艳丽，给旅客留下鲜活的印象；而欧洲的大城市，其建筑色彩都比较淡雅，给人一种宁静的感觉。

从城市区域划分来说，市行政中心的色彩一般应凝重一些，商业区的色彩可以活跃一些；居住区的色彩应素雅一些，旅游区的色彩则要强调和谐悦目。城市单体建筑的色彩要服从其功能，像立交桥等大型基础设施，其混凝土本色既显出力量感，又接近自然色，没必要弄巧成拙地进行粉刷。高层的办公写字楼，则不宜用轻浮的色彩；而像街头电话亭、候车亭等临时性公共设施，则可以采用相对明快的色彩。

5）色彩构成和谐原则

和谐是色彩运用的核心原则，也是城市色彩设计的核心原则。城市色彩的和谐包括两个方面：一是指人工色与自然色或城市自然环境色彩的协调，二是指人工色与人工色或城市建筑环境色彩之间的协调。

城市色彩首先要与自然环境色彩相协调，一座被绿色森林或蓝色海洋拥抱的中小型城市，其色彩自然应区别于内陆城市或特大城市。绿色环绕的小城，色彩运用即便大胆一点，也不致破坏城市色彩的和谐。小城外面环绕的往往是大片绿色的河流山林，或者是冬天的皑皑白雪，这样城内街景的色调，便比较容易找到平衡。而海洋中的城市，如果色彩过于素淡，城市会失去生机，所以像威尼斯，虽以暖红色为主调，却不给人色彩嘈杂的感觉，反而显得生机勃勃。

在没有或缺少自然色的大城市或城市新区中，如果又没有特定传统色的话，其城市主色调应偏中性。在一般情况下，大面积建筑立面色彩应靠近主色调，留下色彩变化空间，给建筑细部以渲染变化的机会。特别是体量大、结构复杂的建筑，应用统一色彩，使之融于城市色彩整体构成中，体量小但结构雷同的建筑群落，则应通过对露台、门窗色彩的变化设计，使整组建筑产生视觉的生动感、节奏感和韵律感。城市中的新建筑，必须照应周边建筑已形成的色彩环境，硬化地面必须接近自然色，接近石板、石砖的颜色，避免大面积使用彩色的地砖，以致城市色彩结构失重，破坏色彩的和谐统一。

### 9.2.3.2 建筑色彩与城市形象

建筑是城市的雕塑，建筑富有地域与时代特性。城市色彩表现于所处的自然环境、道路、广场、公共设施、建筑、交通工具，甚至人们的衣着，其构成关系复杂多变。在众多的因素中，建筑无疑是构成城市色彩形象最重要的组成部分，起着主导作用。

建筑色彩关系着一个城市的形象，特色和品位至关重要。以老北京来说，灰墙、灰瓦和绿树构成了北京城市色彩的基调，透出古都浑厚、朴实、宁静的文化底蕴，也衬托出紫禁城金碧辉煌的帝都气派。

如果说建筑色彩代表着城市面孔和城市性格，北京应该是明朗、和谐、整体感强、连续感强的色调集合。北京已经与世界并行，正以灿烂的面貌向世界展示着中华民族的风采。深圳的高楼和道路构成新的城市空间形态，具有强烈的现代色彩，颇有视觉冲击力。厦门以碧蓝色的大海为背景，带有装饰性的鲜艳的建筑色彩，三角梅点缀在大街小巷，显示城市的特殊魅力。而对于上海，特殊的政治、宗教、经济与文化的发展际遇，西方、本土以及中国不同地域文化相互之间的并存与冲撞、排斥与认同，使得上海建筑融合了古今中外文化的精粹。各国建筑师的不同风格，以及新材料、新技术的运用，给上海建筑带来了极大影响，英国、德国、法国、意大利、西班牙、美国、印度、日本、俄罗斯、北欧以及伊斯兰建筑的风格，都在这里或整体或局部得到了体现。

建筑的色彩如同建筑的外衣，无论选择什么颜色都应该符合城市气质，适合即最美。

在城市的色彩中，绿化成为另一个重要因素，与城市的建筑外装分别构成了自然与文化两方面的重要特征。此外，大型传播设计作品与交通工具外装的色彩都介入了城市色彩。所以大型视觉传播设计与交通工具类产品的色彩设计，除了要考虑自身目的、功能等之外，还必须考虑与城市环境色的协调关系。

图 9.24 至图 9.29 是城市室外色彩图示例。

图 9.24　室外色彩一

图 9.25　室外色彩二

图 9.26　室外色彩三

图 9.27　室外色彩四

图 9.28　室外色彩五

图 9.29　室外色彩六

## 9.3　工业产品设计中的色彩设计

在产品造型设计中，需着重考虑色彩问题。产品色彩如果处理得好，可以协调或弥补造型中的某些不足，使之更加完美，收到事半功倍的效果。反之，如果产品的色彩处理不当，不但会影响产品功能的发挥，破坏产品造型的整体美，而且很容易破坏人的情绪，使人出现枯燥、沉闷、冷漠甚至沮丧的心情，分散操作者的注意力，降低工作效率。所以，在产品的造型中，色彩设计是极其重要的。

### 9.3.1　产品设计中色彩的作用与要求

虽然产品的色彩是依附于形态的，但是色彩比形态对人更具有吸引力，色彩在产品设计中具有先声夺人的艺术魅力。有关研究表明，人在看物体时，最初 20 秒内，色彩占 80%，形态占 20%；2 分钟后，色彩占 60%，形态占 40%；5 分钟后，形态、色彩各占 50%。由此可见色彩在产品设计中占有重要的位置。产品的色彩设计要单纯、和谐、简洁，既富有美感，又要表现产品的功能要求，符合人机要求，适用环境、符合经济的原则等。产品的色彩还应体现现代科技与艺术相结合的时代特点，提高产品档次，使之更有竞争力。

### 9.3.2　产品设计中色彩的应用原则

#### 9.3.2.1　产品色彩的功能性原则

产品的功能是产品存在的前提，形式必须服从功能，并还应提示功能。产品的色彩设计必须考虑与产品功能特点的统一，有利于产品功能的发挥。

产品色彩对产品具有保护功能，维持产品在一定时间内有良好的功能效应。尤其是那些在恶劣气候和环境中使用的产品，其表面色彩应具有抗氧化、抗腐蚀、抗高温、绝缘、防腐、防污、防锈、防燃等功能。如煤气罐和汽油库采用反射率很强的银白色，以减少吸热导致温度升高而引起的燃烧爆炸。消防车采用红色可以减少交通肇事率和激发消防队员的灭火勇气。

产品色彩的功能性原则的实现与色彩的语义是分不开的。色彩是有感情和语义的，如兴奋的配色可以激发人的工作热情，沉静的配色可以使人从事精细的工作和进行冷静的思考，警示色可以提示危险等。这些都是产品色彩设计遵循功能性原则的表现。

### 9.3.2.2 产品色彩的工艺性原则

在产品设计中必须充分考虑工艺技术可能对色彩产生的影响。同样的色彩方案，用不同的材料和工艺进行加工制造，实物效果会呈现出非常大的差异。例如采用透明材料或半透明材料（如半透明树脂、玻璃类）加以表面喷涂上色，半透光效果+高明度色彩组合，会产生梦幻、前卫的视觉效果。金属材料通过抛光、电镀、拉丝、喷砂、阳极氧化着色等表面工艺，原本的色彩通过产品表面的特殊反射效果会形成精致、时尚、科技感、商务风等视觉感受。另外，在日新月异的智能产品制造中，温感传感器或压力传感器的广泛应用也会令产品表面出现动态的色彩变化，让人与产品形成亲切的交互。

### 9.3.2.3 产品色彩的环境性原则

产品色彩的设计应充分考虑使用环境对产品色彩的要求，使色彩成为人、产品、环境的保护色。如在户外使用的产品很容易受污，为了耐脏又要与周围的环境相融合，宜选用纯度高、明度低的色彩，使产品有很好的视认度。在寒冷地方使用的产品宜选用暖色系，以增强人们心理上的温暖感。在温暖地方使用的产品宜使用冷色系，使人有凉爽平静的感觉。

### 9.3.2.4 产品色彩的喜好性原则

对色彩的喜好是人类的一种特定心理现象，各个国家、民族、地区，由于社会政治、风俗习惯、宗教信仰、文化教育等因素的不同，人们对各种色彩的爱好和禁忌有所不同。产品色彩的喜好有两个特点：一是色彩的喜好既表现出人类的共性，又表现出明显的个人差异；二是色彩的喜好是文化性的，人们对色彩的喜好度顺序及程度是因为产品赋予色彩的文化价值的不同。所以产品色彩设计一定要充分尊重不同地区、不同人群对色彩的好恶特点。

### 9.3.2.5 产品色彩的审美性原则

产品设计是利用形状、材料、色彩等要素进行产品创造的活动。产品色彩的审美性原则不仅要追求单纯的形式美，还要求产品的功能性、工艺性、环境性以及与文化、社会相关的象征性与流行性等完美结合。

### 9.3.3　产品设计中的色彩设计程序

#### 9.3.3.1　产品色彩调研

这是产品色彩设计的重要一环，历来受到设计师的重视。不同国家和地区对传统色彩及色彩文化发展状况等的研究，都要以色彩调研为基础。只有经过广泛细致的色彩调研，掌握第一手资料和数据，才能使色彩研究结果可信，从而具有应用价值。

#### 9.3.3.2　产品色彩定位

就是企业为了使自己的产品在市场和消费者心中占据明确的、独特的和深受欢迎的地位而做出的产品色彩决策。实际上就是在构思产品时，除了它的使用功能、基本结构特点外，应当明确该产品使用的对象、使用的环境，适应何种文化的消费群体等基本情况，然后根据消费者的意向确定产品颜色。

#### 9.3.3.3　产品色彩设计

这是整个产品设计中从无形的概念向视觉化、实体化转化的一个非常重要的过程。建立产品配色方案与感性语义词映射关系，是设计师执行调查和定位结果非常重要的指导思想。

#### 9.3.3.4　产品色彩营销

产品色彩营销就是要站在消费者的角度，根据消费者对不同色彩的不同心理诉求来选择相对应的色彩，让产品具有高情感化的特质，并成为与消费者沟通的桥梁，最终赢得消费者的喜欢。

### 9.3.4　产品设计中的色彩设计

工业产品的色彩设计受产品功能的要求、材料、加工工艺等因素的制约。因此，对产品的色彩设计应美观、大方、协调、柔和，既符合产品的功能要求、人—机要求，又满足人们的审美要求。

#### 9.3.4.1　工业产品配色的基本原则

1）总体色调的选择

色调是指色彩配置的总倾向、总效果。任何产品的配色均有主色调和辅色调，使产品的色彩既有统一又有变化。工业产品的主色调以 1～2 色为佳，当主色调确定之后，其他的辅助色应与主色调相协调，使之形成一个统一的整体色调。

色调的选择应满足下列要求：

第一，满足产品功能的要求。在选择产品色调时，首先考虑满足产品功能的要求，使色调与功能统一，以利于产品功能的发挥，如军用车辆采用草绿色或迷彩色、制冷设备采用冷色、消防车采用红色等，都是根据产品的功能要求选择的。

第二，满足人—机协调的要求。产品色调的选择应使人们使用时感到舒适、安全、愉快和美的享受，满足人们的精神要求，从而提高工效。

第三，适应时代对色彩的要求。不同的时代，审美标准不同。为此，必须预测人们在不同的时代对某种色彩的偏爱和倾向，使产品的色彩满足人们对色彩爱好的变化，赶上时代要求，使产品受到人们的欢迎。

2）重点部位的配色

当主色调确定之后，为了强调某一重要部分或克服色彩平铺直叙、贫乏单调，可将某种色进行重点配置，以获得生动活泼、画龙点睛的艺术效果。

重点配色的原则：

一是选用比其他色调更强烈的色彩；

二是选用与主调色相对比的调和色；

三是应用在较小的面积上；

四是应考虑整体色彩的视觉平衡效果。

### 9.3.4.2 工业产品色彩设计的一般原则

工业产品按其用途分类主要分为三类：机械生产设备（如机床、机器、机电等）、交通运输设备（如汽车、飞机、船舶等）、文化生活用品（如家用电器、家具、炊具等）。

1）机械生产设备色彩设计

机械和工具是由人操作使用的，对它们的色彩设计首先应当适应人的各种活动和审美要求，提高工作效率，保障安全生产。

以机床为例。机床的色彩必须给人们以安全、稳定、舒适等感觉，常常采用两色配合或三色配合的套色处理。上部施以明度高的轻感色，下部施以明度低的重感色，这样上轻下重，增强了机床的安全感。为了使机床色彩产生舒适感，机床的主色调应采用与人亲近、柔和的低纯度色，如粉绿、浅黄、黄灰等色。图 9.30 为几台机床的色彩图。

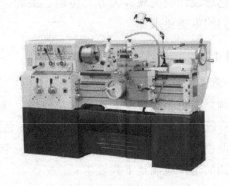

图 9.30　机床色彩图

2）交通运输设备色彩设计

交通运输设备与建筑类似，它的内部与外部都直接关联人类特定的活动。为了使其内外环境更适合于人类的活动，它也与建筑一样必须实施内装与外装。其中一个极其重要的方面就是在改善环境因素与营造环境氛围中起重要作用的色彩设计。

但是，交通工具与建筑之间又存在很大的差异：一是交通工具是移动的，而建筑则是静止的；二是交通工具与其所处的环境相比，一般有其尺寸上的巨大差异，如城市交通车辆与城市建筑、火车与其所处的原野等。因此，交通工具的色彩设计必须考虑这些特点。

第一，交通工具内部的色彩设计。交通工具的内部空间一般属于特定的公共空间，所以应按使用者的共性特点，而不是按个别使用者的色彩喜好来考虑色彩设计。交通工具具有位移动态，色彩设计首先要考虑到安全性和功能性，而且内外部应在用色上进行区分，以适应司机、乘客与环境的不同需求。

对于城市短途交通工具，如公共汽车、市内有轨交通车辆的内部空间，使用的色彩往往类似于机场的候车厅、车站的候车室。在它们的色彩设计中，首先要考虑的是形成一个令人沉着、凉爽与富于秩序感的环境色，这将有利于消除因人员拥挤与焦急等带来的骚动不安与不舒适。一个低彩度、不太暖和、稍稍明亮的中明色的环境色是合适的（如图 9.31 所示）。对于诸如有轨交通之类速度快、惯性大的车辆，各类安全设施是非常必需的，这类车辆的关键和重要部件如紧急刹车按键等必须施以安全色。

图 9.31　城市公共汽车内部色彩

对于远距离交通工具，如飞机、特快列车等内部空间，很少会出现城市交通中所常见的那种因焦急等待带来的骚动不安，反而会因为过于无聊、乏味而显得精神不振。

所以，营造一个既安静又不易使人疲劳的、温馨抒情的氛围，是这类交通工具内部空间环境色的共性要求。故以低彩度、稍稍暖和的中明色为基调，加以面积较小、对比度不太大、稍稍活泼的暖色形成变化与调节是合适的。如图 9.32 所示。

图 9.32  远距离交通工具内部色彩

至于像国际邮轮之类，旅客至少要在其中居留数日，与其将之视为交通工具，还不如将之视为活动宾馆更为合适。一般客房、餐厅、酒吧与各类娱乐场所应有尽有，让人感到的决不是旅途的劳顿，而是正在充分享受着的人生。因此，它与短途交通一样在色彩调节中也必须避开强烈的刺激，营造抒情的、休闲的氛围。但是，它又不像短途交通，无须抑制骚动不安的情绪，而要排遣旅途的单调无聊、激发享受人生的热情，所以偏冷的色调是不妥的。如中明度、低彩度、偏暖色调的客房，可以给人以家居般的温馨。又如中低明度、中低彩度、温暖热情的色调，必要时配以小面积稍显对比的色彩，或照度不高、以暖色为主的照明，既能使餐厅、酒吧更加吸引顾客、提高食欲，又能很好地营造一见如故的融洽气氛。在邮轮中为了提高享受人生的质量与品位，以古典的样式来营造高贵的氛围也是非常合适的。图 9.33 为邮轮内部色彩。

图 9.33  邮轮内部色彩

由以上可知，虽然交通工具主要属于产品设计，但由于其内部空间是人类特定活动的环境，从其性质而言也属于环境设计。在将它作为一种工业产品进行设计时，绝不能忘记它还是一个特定的环境，应从环境设计的角度对它进行全面规划。

第二，交通工具外部的色彩设计。交通工具的内部为人们提供了活动的空间，而其外表面则是构成户外环境的组成部分。所以交通工具外表面的色彩设计有较大的自由度，主要从产品设计的角度进行考虑。但是它毕竟还是户外整体环境的一个构成部分，所以也必须考虑与户外色彩在整体上的平衡与协调。

　　在色彩的平衡关系上要考虑交通工具是一种高度移动体所带来的影响。因为速度往往会在相当程度上增强所施色彩的效果。一个静态上达到平衡的色彩关系有可能因色块高速运动而失衡。尤其当这个色块有足够大的尺度时，会在很大程度上加强这种倾向。各种有轨交通车辆因有庞大的身躯与高速的移动，故不宜使用高彩度的纯色。行驶于狭窄小街巷的大型客车与此相似，也不宜使用过度高彩度的纯色，否则会对在其周围正常活动的人群造成过强的威吓与压迫感。

　　所有的交通工具都是高速移动体，从安全的角度来考虑可以说它们都是直接危险物。所以，车辆外装的色彩不能不考虑安全的因素。但是由于种种限制，一般难以涂饰直接危险物的红橙安全色，满街疾驰的红橙色怪物会使城市更充满了暴力感与恐怖感，使正常的活动受到严重扰乱。一般来说，交通工具的安全性主要是由交通法规来保证的，但交通工具外部的色彩设计必须考虑以下两点：一是不宜使它与环境色彩尤其是明度过于接近，不然因与环境色没有足够的明度级差而难以形成清晰的轮廓，不利于人们认知突然出现的危险对象物；二是切忌使用伪装色，不然就会破坏自身应有的轮廓而造成错觉。

　　根据这些原则，城市交通工具一般应慎用红橙色，既不使城市充满暴力与恐怖感，又能使交通工具能在纷杂的背景上清晰显现。在一般情况下，小汽车的色彩宜用单色，色彩不要有太强的刺激性，明度较高而纯度较低。公共汽车、大型客车采取套色或色带设计，重感色或色带置于车身下方，增强大型客车的安全、稳定感。

　　铁路交通工具所受限制相对少些，有时直接使用橙色的安全色，还能取得极佳的效果。

　　图 9.34 为汽车外部色彩。

图 9.34　汽车外部色彩

3）文化生活用品色彩设计

文化生活用品是人们日常生活中必不可少的物品。它们的色彩首先要符合用色的时代性，适应人们对某些色彩的倾向，现代社会的人尤其偏爱一些明度较高、纯度较低、色相多样化的色彩，如米黄、乳白、粉红、紫罗兰、粉绿、天蓝、黄橙、银灰等。这些明快、淡雅的色彩广泛使用在服装、家居室内、家用电器及文化用品的设计中。

图 9.35 和图 9.36 为文化生活用品色彩。

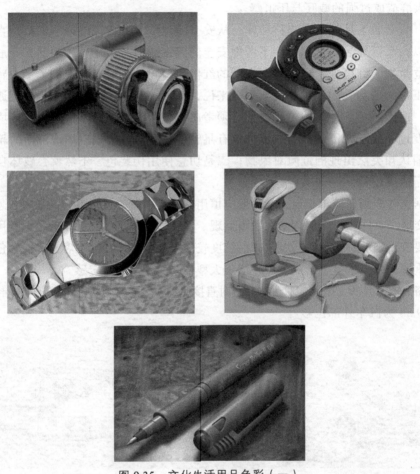

图 9.35 文化生活用品色彩（一）

图 9.36 文化生活用品色彩（二）

## 本章小结

本章介绍了色彩在现代设计中的运用，包括色彩在视觉传达设计、环境艺术设计和工业产品设计中的设计原则和方法。正是由于色彩能引起人们不同的心理体验，所以色彩在现代设计的各个领域中发挥着至关重要的作用。

## 思考与练习

举例说明机械生产设备、交通运输设备、文化生活用品色彩设计的方法和原则。

PART
FOUR

第四部分　数字化设计色彩模块

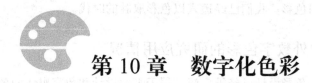

# 第 10 章　数字化色彩

　　自 20 世纪末以来，计算机图形技术在设计领域中的应用伴随着科技的迅猛发展，以铺天盖地之势充斥着设计行业的各个环节。"色彩"作为造型艺术的重要因素，在设计中的体现形式曾经只是以各种颜料为介质，现如今计算机显示器等数字显示设备，使色彩所展现的平台更为宽广。

## 10.1　色彩的数字化理论

　　数字色彩是色彩学一种新的表现形式，它依赖数字化设备计算机、显示器、打印机、投影仪等而存在，同时又与传统的光学色彩、艺术色彩有着内在的、必然的联系。数字色彩将抽象的色彩概念变得具象，这一点可从传统色彩与数字色彩各种颜色的名称上看出来。传统色彩的名称表述大多都以客观存在的实物来表述，如湖蓝、桃红、草绿、柠檬黄等，虽然有具体参照物，但由于其所指参照物的颜色并非一成不变，所以给人的感觉也只能是一种抽象的色彩印象；或以程度定色彩，如深蓝、大红、中黄、浅绿等，虽然分出了明暗的不同级别，但这种级别划分过于简单和模糊，也会使人对颜色的认知产生偏差。而数字色彩则不然，按照其色彩形成模式赋予字母及数字所组成的编号，不但表述准确无误，而且在了解色彩模式的情况下更可根据编号估测出颜色的基本属性。例如，CMYK 模式下 K100 即纯黑，Y100 即黄色，M70、Y100 橙色，RGB 模式下 R255、G255、B255 即白色，R128、G128、B128 即中灰，R255、B255、B0 即黄色等。在牛顿的光学色彩理论里，光与色彩是密不可分的，有光才会有颜色，人们之所以能够感知色彩，是因为有光照。我们把人眼所能见到的颜色，按它们的光学性质分为两大类别：一是发射光，二是反射光。其中，发射光就是光源发出的光，如太阳、灯光、计算机显示器发的光、数码相机显示屏发的光等，是数字色彩得以存在的前提条件。严格意义上的数字色彩，都是发射光形成的颜色。色彩数字化表达方式是依据不同的色彩模式产生的，其中 RGB、CMYK、HSB、Lab 色彩模式都是我们常见的色彩系统。

　　以往的色彩体系都是依靠感觉来配色，所以不能解决很多问题。就连看上去很有逻辑的色彩样品，都不具备科学的理论支撑。而现在终于从依赖感觉的配色迈入了依靠科学做出效果的配色时代。在这里使用的正是数字色彩。虽然配色不能解决所有的问题，但是使用数字色彩中的"色彩形象图表（Color Image Chart）"，可以满足顾客大部分的需求。

色彩是构成设计能力的要素之一，先进色彩可以让设计能力飞跃提升，可谓一种隐形的竞争力。色彩的作用今后会日益显现，国外的大型企业会有专业色彩设计师，有专门的团队调查企划色彩。我们已经迈入以色彩取胜的时代。

## 10.2　国内外数字色彩的研究应用情况

现阶段，数字色彩设计已经被广泛应用于平面设计和数字媒体的各个领域，为我们的视觉感官带来前所未有的丰富信息，给我们的设计方式、商业宣传等方面带来了巨大的影响。对于任何领域来说标准的制定代表研究已经达到了一个很成熟的阶段。设计中常用的 sRGB、Adobe RGB 的两个标准，就是美国在 20 世纪 90 年代制定的。sRGB 色彩空间是 1997 年惠普和微软合作开发的标准色彩空间（standard Red Green Blue）。而 Adobe RGB 色彩空间是由 Adobe 公司 1998 年推出的标准，拥有宽广的色彩空间和良好的色彩层次表现。Adobe RGB 与 sRGB 色彩空间相比，还有一个优点，就是 Adobe RGB 还包含 sRGB 所没有完全覆盖的 CMYK 色彩空间。这使得 Adobe RGB 色彩空间在摄影、图像处理和编辑方面有更大的自由度。

## 10.3　什么是数字

### 10.3.1　数字（Digital）

和模拟（analog）的"连续"相对，数字即"离散"，信息由 0 与 1 的组合，或用开与关来进行表达描述。通过这种表达方式，数值、文字、音声、图像等一切物理量和状态均得以转换为数字。

在电脑中，和模拟信号相比，信息传输的准确度和效率都有压倒性的优势。通信、广播电视、应用软件几乎均是数字信号。

人体内的神经系统、大脑内的信号传输等信息处理也全是数字信号的，而颜色处理也不例外。

### 10.3.2　数字色彩（Digital Color）

在"数字色彩"这一词语中，"数字"有双重意义。第一，颜色的实质是电磁波，因此可以进行数字处理，即可以通过电脑进行操作处理。第二，人眼无法识别的电磁波可以转化为 RGB 色彩模式的信号，再进一步刺激脑部的不同部位。换言之，对颜色的感官认知和形象创造均可以进行数字处理。

数字色彩即用数字信号处理的颜色。将颜色（电磁波）以 RGB 的格式在视网膜上进行数字化处理，以数字形式对颜色的感观认知和形象创造进行处理。与此同时，生理、心理刺激产生机制也是同样的。而产生的刺激从脑部瞬间提取事先记录下来的和颜色相关的记忆、信息即对颜色的感觉或形象。人脑海里浮现出某种形象，对色彩持有某种特定的感觉均是数字化的结果。数字色彩的呈现是需要显示器、打印机、印刷机等输出设备的，因此在不同的显示、打印、印刷设备上所呈现出来的同一的颜色效果还是存在差异的，也就是我们时常所说的"偏色"，这是数字色彩的一大弊病。但相较传统色彩的抽象概念，数字色彩所表现出来的准确性还是值得充分肯定的。

我们通常接触到的色彩数字化表达方式，大都包含在各种不同的图形图像应用软件之中，如常用的 Photoshop、Illhustrator、CoreDraw 等。数字色彩是通过各种图形软件实现的，也就是说各种软件所包含的功能也都可以针对数字色彩来进行操作，这无疑给数字色彩的应用带来便捷。例如，我们可以快速填充均匀的颜色，可以随时取消上一步的操作而改用其他处理方法，或移动和复制某些颜色。

## 10.4　数字色彩中的重要概念

颜色是光，光是电磁波，也是由基本粒子（光子）构成的。有光的颜色即色光，其原色在视网膜上的感光细胞上反映为红（R）、绿（G）、蓝（B）。色光三原色即为 RGB，一般的颜色则可以通过三原色每一种的强度数值（0～255，共 256 个数值）来描述。宇宙中存在的所有颜色都能够用三原色原理（加法混色）来表示。物体色是光线射到物体上后被反射的特定颜色传输到视觉中枢后形成的。除了被反射的颜色外，其他均被吸收。换言之，没有光就不存在物体色。此处需要注意的是，物体色是颜色，也就是光。被物体反射，进入眼球的电磁波在视网膜上被转换为数字信号。物体色在光线变暗后会难以看见，由其带来的生理刺激也会随之减弱。

色彩是人对光波的视觉反应。在数字化处理中，对色彩认识和处理的基本标准被称作色彩模式。视觉反映的色彩光波来自发光体（屏幕上的像素）和反光体（印刷品）。在应用技术上对色彩模式，为发光（体）形式定义出 RGB 模式，为反光（体）形式定义出 CMYK 模式，为适应于人的视觉形式定义出 HSB 模式。每种模式对应各自的色彩概念，不同模式间同名颜色的本质是不同的，我们来讨论它们的数值化定义的差别。

数字色彩是色彩学和信息技术相结合的产物，以计算机技术为载体，以传统色彩学为纽带，将人们对色彩的感觉转换为准确具体的计算机语言，相比于人眼识别的色彩，更加规范、准确。在传统的设计中，色彩主要靠设计师用颜料表示，色彩选择的种类很有限，准确度也不太高。而数字化色彩的出现，丰富了色彩种类，使设计师对色彩的应用更加灵活，提高了图案在设计、生产环节中的色彩准确度。同时，在配色中使用数字化色彩方式进行表达，也更利于后期的信息处理，符合设计数字化的发展趋势。常用的数字色彩模型有 RGB，CMYK，Lab，HSB 等。

### 10.4.1　RGB 色彩模型与色彩表示

RGB 色彩模型是和计算机、相机等显示器同步的一种色彩模型，R、G、B 即 Red、Green、Blue 的首字母，分别代表红、绿、蓝三种色，即光的三原色，当这三种色进行不同方式的混合后，会产生更多新的色彩。在 RGB 色彩模型中，三种颜色的色值范围均为 0~255，其数值越大，表示色彩越"亮"。当三色色值均为"0"时，颜色的亮度最小，颜色最暗，此时呈现出没有亮度的黑色。当三色色值均为"255"时，每种色的亮度均达到最高，此时色彩强度最大，呈现出亮度最大的白色。当其中一种色的值为"255"，其余两种为"0"时，则表现出色值 255 的色的最饱和状态。由于现在的服装设计多在计算机中进行，设计人员在进行图案浏览查询以及后期设计时也是以计算机为平台的，因而首先选择了 RGB 色彩模型去表示图案色彩搭配中涉及的色彩值。

### 10.4.2 CMYK 色彩模型与色彩表示

CMYK 色彩模型多用于印刷中，四个字母分别表示不同的油墨色——Cyan，Magenta、Yellow、Black（K 为 Black 尾字母），即青色、洋红、黄色、黑色。与 RGB 模式不同，它是利用"减法"混色原理进行色彩显示的，通过增加色料值减少光的反射，降低光线亮度。在进行色彩表达时，当 C、M、Y、K 四色油墨的值发生变化时，反射到人眼的光线亮度会发生相应的变化。因而该模式中的基色值采用百分率表示，范围均在 0~100%，当四色值均为 100% 时，光线反射率最大，呈现白色；当四色值均为 0 时，光线反射率最小，呈现黑色；当其中一个值为 100%，其他为 0 时，光线反射该色，映入人眼的即为该色。

### 10.4.3 Lab 色彩模型与色彩表示

相比于 RGB 模型和 CMYK 模型，Lab 模型的色彩区域面积更大一些，它不受设备影响，能较好反映人对色彩的心理感知情况，在数据库中可以将该色彩模型作为转换的中间色，避免在色彩空间转换中外界因素对颜色准确性的影响。Lab 模型可以追溯到德国物理学家赫林（E. Herins）的对立颜色学说，赫林将视觉观察到的颜色以对立关系表现，即红—绿、黄—蓝、黑—白。在 Lab 模型中，色彩的红—绿偏向由 a 值描述，值域为[-120，+120]，黄—蓝偏向由 b 值描述，值域为[-120，+120]，黑—白（即明度）关系的表达由 L 值描述，值域为[0，100]。从这三个分量值中，可以直观看出色彩的视觉偏向，如当 Lab 值为（30，-118，4）时，所呈现的颜色面貌可以描述为暗绿色（偏黑的绿色）。

### 10.4.4 HSB 色彩模型与色彩表示

HSB 色彩模型是基于人对色彩的感觉产生的数字化色彩模型，这种模型在色彩的表示上也较为直观，其色值由 H、S、B 三个数值表示，其中 H 表示色相（hue）。该值表示某色色相在色相环中的角度位置，范围为 0~360，两色 H 值越接近，色彩色相越接近。S 表示色彩的饱和度（saturation），当 S 为 0 时，饱和度为最小，色光中的杂色含量最多，色彩最黯淡；反之，当 S 为 100% 时，色光中杂色含量最少，色彩最纯、最艳。B 表示色彩的明度（brightness），当值为 0 时，明度最低，色彩最暗；当为 100% 时，明度最高，色彩最亮。S 值和 B 值越大，色彩效果越强烈，对人的视觉冲击越大，也越易使人产生视觉疲劳。

## 10.5 色彩的数字化设计——数字色彩的配色工具

不同的色彩模型有不同的色彩布局和体系结构，同时也会带来不同的配色方式。HSV 色彩模型是用户（设计师）直观的色彩模型. 因为它跟蒙塞尔色彩模型最接近，它的配色很接近调制颜料绘画的配色，最适合视觉的直观表达。数字色彩构成的各种色彩搭配，就是围绕 HSV 色彩六棱锥展开的。我们可以通过调节色相、明度、饱和度，来实现我们期望得到的配色。

HSV 是计算机颜色的模型之一，在计算机实用软件里常被称为 HSB。因为它用色彩的直观属性来描述颜色，它的三个颜色参数正好对应色彩的主观三属性，跟我们传统的颜料色彩设计相类似。

HSV 色彩六棱锥如图 10.1 所示。每一种颜色都是用色相（Hue）、饱和度（Saturation）和色明度（Value）来表示的。HSV 模型对应于圆柱坐标系中的一个圆锥形子集，圆锥的顶面对应于 V = 1。它包含 RGB 模型中的 R = 1、G = 1、B = 1 三个面，所代表的颜色较亮。色彩 H 由绕 V 轴的旋转角给定。红色对应于角度 0°，绿色对应于角度 120°，蓝色对应于角度 240°。在 HSV 颜色模型中，每一种颜色和它的补色相差 180°。饱和度 S 取值从 0 到 1，所以圆锥顶面的半径为 1。

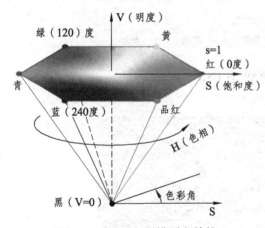

图 10.1 HSV 色彩模型六棱锥

图 10.2 HSV 色彩模型六边形色平面

可以说，HSV 模型中的 V 轴对应于 RGB 颜色空间中的主对角线。在圆锥顶面的圆周上的颜色，V = 1，S = 1，这种颜色是纯色。HSV 模型对应画家配色的方法，画家用改变色浓和色深的方法从某种纯色获得不同色调的颜色，在一种纯色中加入白色以改变色浓，加入黑色以改变色深，同时加入不同比例的白色，即可获得各种不同的色调。

在 HSV 用户直观的色彩模型中，六棱锥顶面的正六边形（见图 10.2），是一个饱和度最高的有彩色系的色相环。在这个六边形色相环中，色相是沿逆时针方向变化的，用H（Hue）来表示色相。每变换 1°夹角，色相就有细微的变化。

在六边形中，S（Saturation）表示色彩饱和度变化的值。当颜色位于六边形中心时，颜色的饱和度为 0（S＝0），呈纯白色。饱和度的变化由六边形中心向六边形外框逐渐增大，位于六边形外框上的颜色的饱和度最高，也是我们常说的纯色。

这种"基于明度的 HsB 色彩模型"的调色板，在一些实用的图形图像软件里也有。以下是 Corel DRAW（见图 10.3）和 Photoshop（见图 10.4）软件的调色板。

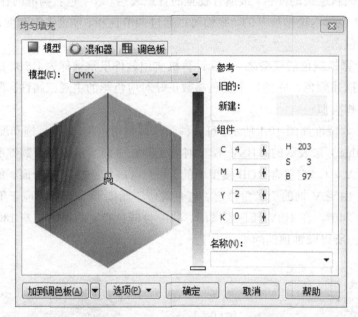

图 10.3　Corel DRAW 的 HSB 色轮

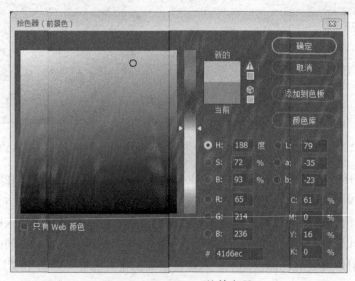

图 10.4　Photoshop 的拾色器

## 10.6 模式间颜色的对应

在数字化意义下谈及一种模式下的一种颜色，就是在具体谈论一个有序数的组合数，在 RGB 模式是（R，G，B），在 CMYK 模式是（C，M，Y，K），在 HSB 模式是（H，S，B），反之亦然。在三种模式中，每种都有人们生活工作学习中涉及的红、黄、蓝等有限种有名颜色，表 10.1、表 10.2、表 10.3 给出基于一种模式的同名颜色（左列）在另外两种模式（中间和右列）下的数字化对应定义，* 表示可取允许范围内的任何值。

表 10.1 模式间颜色的对应（一）

| RGB 模式颜色 | 在 CMYK 模式中定义（略去%） | 在 HSB 模式中定义 |
| --- | --- | --- |
| 红（255，0，0） | （0，87，99，0） | （0，100，100） |
| 绿（0，255，0） | （57，0，88，0） | （120，100，100） |
| 蓝（0，0，255） | （100，79，0，0） | （240，100，100） |
| 青（0，255，255） | （38，0，16，0） | （180，100，100） |
| 紫（255，0，255） | （42，64，0，0） | （300，100，100） |
| 黄（255，255，0） | （0，11，92，0） | （60，100，100） |
| 黑（0，0，0） | （63，52，51，100） | （\*，\*，0） |
| 白（255，255，255） | （0，0，0，0） | （\*，0，100） |
| 灰（128，128，128） | （49，38，37，18） | （\*，0，50） |

表 10.2 模式间颜色的对应（二）

| CMYK 模式的理论颜色（略去%） | 在 RGH 模式中定义 | 在 HSB 模式中定义 |
| --- | --- | --- |
| 青（100，0，0，0） | （0，168，255） | （197，100，92） |
| 紫（0，100，0，0） | （227，0，122） | （328，100，89） |
| 黄（0，0，100，0） | （248，244，0） | （59，100，97） |
| 黑（\*，\*，\*，100） | （0，0，0） | （180，100，100） |
| 红（0，100，100，0） | （233，0，35） | （350，100，87） |
| 绿（100，0，100，0） | （0，159，60） | （143，100，62） |
| 蓝（100，100，0，0） | （61，16，123） | （265，87，48） |
| 白（0，0，0，0） | （255，255，255） | （0，0，100） |
| 灰（0，0，0，50） | （149，149，149） | （0，0，58） |

表 10.3　模式间颜色的对应（三）

| HSB 模式的颜色 | 在 RGB 模式中定义 | 在 CMYK 模式中定义（略去%） |
|---|---|---|
| 红（0，100，100） | （255，0，0） | （0，87，99，0） |
| 黄（60，100，100） | （255，255，0） | （0，11，92，0） |
| 绿（120，100，100） | （0，255，0） | （57，0，88，0） |
| 青（180，100，100） | （0，255，255） | （38，0，16，0） |
| 蓝（240，100，100） | （0，0，255） | （100，79，0，0） |
| 紫（300，100，100） | （255，0，255） | （42，64，0，0） |
| 黑（*，*，0） | （0，0，0） | （63，52，51，100） |
| 白（*，0，100） | （255，255，255） | （0，0，0，0） |
| 灰（*，0，50） | （128，128，128） | （49，38，37，18） |

比较表 10.1 和表 10.3 可以得出，在模式 RGB 和 HSB 中，颜色的定义是一一对应的。比较表 10.1 和表 10.2 可以得出，在模式 RGB 和 CMYK 中，颜色的定义不一一对应，如模式 RGB 中的基本色红（255，0.0）不对应模式 CMYK 中的理论色红（0，100.100，0）。数字化定义的 RGB 和 CMYK 模式，各自描述的是发光和反光的光线颜色，两个模式间有准确对应的颜色，也有在一个模式中存在的，而在另一个模式中没有与之对应的颜色，反之也一样。两个模式不等价，也不互相包含。模式 HSB 和 RGB 间，颜色存在着准确的数值对应关系，两个模式等价，仅应用对象不同，各自描述着视觉光线颜色和发光光线颜色。不同模式件虽然有同名的颜色，但同名的颜色之间是无本质联系的，仅仅是"使看上去尽量相近"而已。正是因为无法等价，才有了多种描述色彩的模拟标准。

出于技术和艺术的需要，色彩模式是人为对光色进行模拟描述的基准，有对应的描述对象（发光、反光、视觉），描述都有局限性。RGB 模式用于描述基于屏幕像素发光的光线色彩，CMYK 模式用于描述基于颜料的反光色彩，HSB 模式用于描述基于人的视觉的光线色彩。

## 10.7　色相型配色

在一个空间只采用单一的色相进行配色的情况是非常少的。通常都会加入其他的色相来进行组合，这样能够更加丰富地传达情感和营造室内氛围。

而掌握"色相型配色"最直接（也是最好记忆）的办法就是掌握色相环上每一种色相的位置（见图 10.5）。在色相环上，距离比较远的色相组合对比效果非常强烈，而相距较近的色相组合在视觉效果上给人一种稳定内敛之感。

角度为 0°或接近的配色，称为同一色相配色。

角度为 22.5°的两色间，色相差为 1 的配色，称为邻近色相配色。

角度为 45°的两色间，色相差为 2 的配色，称为类似色相配色。

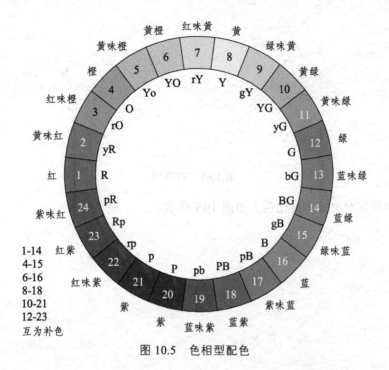

图 10.5　色相型配色

角度为 67.5°～112.5°，色相差为 6～7 的配色，称为对照色相配色。

角度为 180° 左右，色相差为 8 的配色，称为补色色相配色。

同相型和类似型如图 10.6 所示。

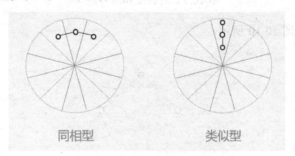

图 10.6　同相型和类似型

三角型和四角型如图 10.7、图 10.8 所示。

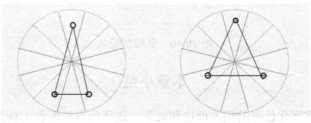

图 10.7　三角型

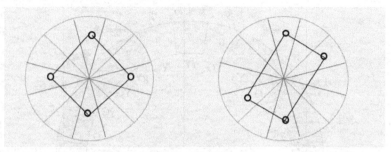

图 10.8　四角型

对决型和准对决型（对比色）如图 10.9 所示。

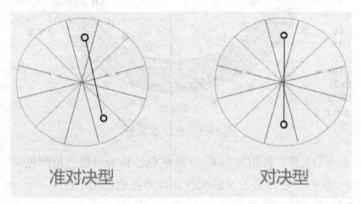

准对决型　　　　　对决型

图 10.9　对决型和准对决型

全相型配色如图 10.10 所示。

全相型

图 10.10　全相型配色

## 本章小结

本章介绍了数字化色彩的相关理论和概念、数字色彩的配色工具及配色类型。

## 思考与练习

1. 数字色彩体系包含哪几种常用的色彩模型？
2. 基于色相的配色通常分为几对大的配色关系？

# 第 11 章　　数字色彩在现代产品设计中的应用

产品设计中需要使用色彩丰富产品表现力，加深人们对产品的第一印象，从而增强好感度。产品的色彩设计不是只有装饰产品的功能，在表现出产品设计师审美观念的同时，设计师需要将自身的情感融入其中，这样才会使得产品色彩更具人性化，并且结合自身对其所蕴含的文化的理解，使产品更加具有丰富的内容，而不显得单调空洞。另外，在色彩设计过程中，要以产品自身特性为出发点进行色彩设计，使人们能够感受到产品的生命力，不仅有视觉体验，还有心理感受。

## 11.1　数字化色彩的设计方法

随着色彩在虚拟技术领域的成熟与普及，传统的色彩设计模式被虚拟手段代替，便于讨论研究与修改，更好地提高工作效率。这些有用的规律可以结合产品特征来论述，简单来说有以下几种色彩搭配调和的方式。

### 11.1.1　确定产品色彩的主色调

除了前面提到过产品的主色调与环境有关，产品本身的功能也是产品色彩设计的重要前提，产品的色调设计往往由其自身的特征所决定。以"1 主色、2 副色、3 辅助色、4 补色"的面积大小顺序构成的调和为基础，主色调占据大部分面积，4 补色往往在显眼的位置。一般来说，一个产品的涂色不宜太多，以二至三色为佳，色彩过多，产品的整体形象难以统一。1 主色调选定后，"2 副色和 3 辅助色"是在色相环中比较靠近主色的位置，这样容易形成统一的色调，而 4 补色可以是距离主色相较远的位置，但面积不宜过大，能够起到活跃整个画面的作用。在产品设计中，可以在"按钮开关"等显眼的位置设计为补色。

### 11.1.2　色彩的相似或同类色的搭配调和

同类色相配，指明度、灰度不同的两种同一类颜色相配，如蓝灰配天蓝、墨绿配浅绿、咖啡配米色、暗红配粉红等。同类色配合的产品显得优雅，层次清晰，单一节奏极易调和。用数字手段表达色彩则更清楚，如 CMYK 色彩模式中，红色 R = M100，Y100；暗红色可以加 K 值来表达，如 M100，Y100，K50；浅红色可以减少数字值，如 M50，Y50。近似色的配合色相接近，应用在产品色彩方面色彩协调而丰富，视觉效果也比较柔和。

### 11.1.3　色彩的对比调和

#### 11.1.3.1　色相对比

色环中的各色之间，可以有相邻色、类似色、中差色、对比色、互补色等多种关系。在色环中 180°角的两个色为互补色，是对比最强的色彩（色环中大于 120°角的两色都属对比色）。色环中成 90°角的两色为中差色对比（如红与黄、红与蓝、橙与黄绿等）。色彩中还有类似色（如深红、大红、玫瑰红等）和相邻色（如红与红橙、红与红紫、黄与黄绿等）。它们包含的类似色素占优势，色相、色性、明度十分近似，对比因素不明显，有微弱的区别，属调和的色彩关系。如相邻色的两色之间类同的色素逐渐减少，就会形成强弱不同的对比（如红与黄绿、红与青、黄与绿等）。类似色对比要比相邻色强些，它们在色环中在 60°角左右。颜料中的红色类、黄色类、蓝青色类称为同类色。

#### 11.1.3.2　色彩调和

就是色彩性质的近似，是指有差别的、对比的以致不协调的色彩关系，经过调配整理、组合、安排，使画面产生整体和谐、稳定和统一。获得调和的基本方法，主要是减弱色彩诸要素的对比强度，使色彩关系趋向近似，而产生调和效果。

对比与调和，是互为依存的、矛盾统一的两个方面，都是获得色彩美感、表达主题思想与感情的重要手段。在一个画面中，根据表现主题的不同要求，色调可以以对比因素为主，也可以以调和因素为主。在感情上的反映，一般积极的、愉快的、刺激的、振奋的、活泼的、辉煌的、丰富的等情调，是以对比为主的色调来表现的；舒畅、静寂、含蓄、柔美、朴素、软弱、幽雅、沉默等情调，宜用以调和为主的色调来表现。

## 11.2　数字化色彩在现代产品设计中的应用

数字色彩是集"信息语言传递""节奏韵律控制""数形关学"于一身的传达方式。利用数字可以有效地进行色彩概念的表达，通常被称为色彩数字化。从数字的发展与功能不难看出，色彩的数字化容易让人们科学地理解与分析色彩。历史证明，数字介入色彩是色彩走向科学的第一步。在数字（数码）色彩领域，数字技术并非将色彩数字化这么简单。数字色彩具备多样性和科学性的特征。就数码技术手段而言，数字色彩有多种表现形式，我们经常用到的有"HSB、RGB、CMYK、LAB、Indexed Color（索引）、Bitmap（位图）"等色彩模式，它们有完全不同的数字特征，但都能通过不同的数码组合，完整地表现出色彩的三属性：色相、明度（亮度）、纯度（饱和度）。

产品所在的空间环境与产品的色彩设计有必然联系。产品不会孤立存在，考虑环境因素实际上是在考虑其功能特征，产品的色彩是融入环境、辅助环境，还是从环境中显现出来，需要结合具体的案例分析。最近几年的家电产品设计大有去白色电器之趋势，并被大胆地涂饰为红、黄、蓝、紫系列，醒目而跳跃，似乎具有现代性的视觉效果，但值得商榷。首先，家电并不是家庭环境的中心，其大胆的色彩必然要破坏整体空间环境的和谐。如果反其道而行之，以家电色彩为中心（依据）进行居室环境色彩设计，又违背了设计的初衷。其次，产品色彩设计应以市场调研为基础，应该考虑消费者购买回去后的使用环境色的搭配协调。

### 11.2.1　工业产品色彩的要素

#### 11.2.1.1　总体色调的选择

色调是指色彩配置的总倾向、总效果。任何产品的配色均应有主调色和辅助色，只有这样才能使产品的色彩既有统一又有变化，色彩愈少要求装饰性愈强，色调愈统一，反之则显得杂乱。工业产品的主色调以 1~2 色为佳，当主色调确定后，其他的辅助色应与主色调协调，形成一个统一的整体色调。色调的选择应满足下列要求：

第一，满足产品功能的要求。在选择产品色调时，应首先考虑满足产品功能的要求，使色调与功能统一，以利于产品功能的发挥。

第二，满足人—机协调的要求。产品色调的选择应使人们使用时感到亲切、舒适、安全、愉快，满足人们的精神要求，从而提高工效。

第三，适应时代对色彩的要求。不同的时代人们的审美标准不同，如 20 世纪 50 年代，色彩倾向暗、冷单一的色，而 60 年代逐渐由暗向明、由冷向暖，由单一到两套色或多色方向发展。而目前工业产品的色彩则向偏暖、偏明、偏低纯度的方向发展，多用浅黄、浅蓝、浅绿色，使产品具有更加旺盛的生命力。

第四，符合人们对色彩的好恶。不同国家和地区的人对色彩有不同的爱好，因此在产品设计时应了解使用对象对色彩的好恶，使产品的色调符合当地人的心理倾向，这样产品在商品市场上才有竞争力。

#### 11.12.1.2　重点部位的配色

当主色调确定后，为了强调某一重要部分或克服色彩平铺直叙、单调，可将某个色进行重点配置，以获得生动活泼、画龙点睛的艺术效果。工业产品的重点配色，常用于重要的开关，引人注目的运动部件，商标、厂标等。

重点配色的原则如下：

① 选用比其他色调更强烈的色彩；
② 选用与主调色相对比的调和色；
③ 应用在较小的面积上；
④ 应考虑整体色彩的视觉平衡效果。

#### 11.2.1.3　配色的易辨度（又称视认度）

易辨度的高低取决于两者之间的明度对比。明度差异大，容易分辨，易辨度高，反之则易辨度低。对仪器、仪表、操纵杆等的色彩设计，易辨度对安全准确的操作、提高工效以及精神上的享受有很大影响。

#### 11.2.1.4　配色与光源的关系

不同的光源所呈现的色光也不同。产品有其本身的固有色，但被不同的光源照射时，所呈现的色彩效果各不相同。因此在配色时，应考虑不同的光源对配色的影响。只有当色光与所配置的色相吻合时，才能使所配的色泽更鲜明，否则将发生配色的失真。故在色彩设计时，应考虑光源色对产品固有色的影响，以达到配色的预想效果。

#### 11.2.1.5　配色与材料、工艺、表面肌理的关系

相同色彩的材料，采用不同的加工工艺所产生的质感效果是不同的。如电视机、录音机等的机壳虽色彩一样都是工程塑料（ABS），但由于表面肌理有的表面是有颗粒的，有的是条状的或表面平整有光泽的等，它们所获得的色质效果是不同的。又如机械设备，根据功能和工艺的要求，对某些部件可采用表现金属本身特有的光泽，既显示金属制品的个性和自然美，也丰富色彩的变化。因此，在产品配色时，只要恰当地处理配色与功能、材料、工艺、表面肌理等之间的关系，就能获得更加丰富多变的配色效果。

### 11.2.2　工业产品色彩设计原则

#### 11.2.2.1　仪器、仪表、控制台的色彩设计

仪器、仪表及控制台的色彩设计实际上就是对外壳和面板的色彩设计。

1）面板

面板是仪器、仪表的脸面，是人经常接触的部分。面板色彩的优劣，对功能的发挥和对外观造型都有很大的影响。一般在面板上有很多元器件，如表头、显示器、指示器、旋钮、按键、文字、符号等。操作者要经常注视面板，并进行操作。因此，选择色彩时，要求面板的色彩素雅无刺激，使人感到亲切，易辨度高。故面板的色彩宜采用与元器件有一定明度对比的柔和较暗的色调。一般多用单色调，只有当面板的面积较大、元器件较多时，才采用二套色或用不同色块、线框来区分不同功能的元器件。图 11.1 为数字色彩面板。

图 11.1　数字色彩面板

2）外壳（或机箱柜）

仪器、仪表一般结构小巧，精度较高，因此外壳的色彩应有利于体现功能、结构特点。一般外壳的色彩宜采用明度较高、纯度较低的表面无光或亚光偏暖色或中色色调，给人以精巧轻盈、明快、亲切的感觉。对体量较大的仪器、仪表，如机箱柜，应采用二套色或在恰当的地方配置装饰带，使色彩丰富，生动有变化。此外，色调的选择还应考虑与主机的主色调或配套的其他设备相呼应，做到色彩设计的整体统一。图 11.2 为数字色彩机箱。

图 11.2　数字色彩机箱

3）控制台的外壳

控制台的色彩设计应使操作者感到亲切、心情舒畅，且操作准确、迅速方便。控制台一般体积较大，为了避免色彩单一，控制台外壳的色彩目前多采用较柔和淡雅无刺激的二套色或三套色，并常配置装饰带。图 11.3 为数字色彩控制台。

图 11.3　数字色彩控制台

11.2.2.2　机床类设备的色彩设计

机床产品种类繁多，大小不一，但机床设备一般都是固定安置，与人贴近，接触时间长。因此，色彩不宜对人有刺激，使人感到烦躁不安，而应有利于使操作者心情愉快、精神饱满、思想集中、安全操作。对中小型机械设备的色彩宜采用明度较高、纯度较低的中性色或偏暖的色彩，如淡雅的绿色、浅蓝色、奶白、淡黄色等，使人感到精密、亲切、心情舒畅，提高工作效率。

　　对大型机械设备，为了增强坚固、可靠、稳重的视觉效果，色彩多采用明度较低、纯度较高的中性或偏暖的色调，一般采用上明下暗、上轻下重或中间配置与主调色明度对比较大的色彩，使人感到庄重、稳定、安全、生动和谐。此外，对其他辅助设备如电器柜、控制台等的色调设计，应与主体部分的色调相和谐，以取得色彩整体统一的效果。图 11.4 为数字色彩机床产品。

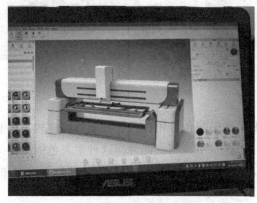

图 11.4　数字色彩机床产品

### 11.2.2.3　交通运输工具的色彩设计

1）汽车

　　汽车的速度较快，为了行人安全，减少车祸，并给乘客以安全、平稳、亲切的感觉，其色彩宜选用明度较高的暖色或中性色。大型客车，因体积大，采用单一的色显得单调乏味，因此常用色带进行装饰，一方面可以使色彩丰富多变，另一方面也可以增加稳定安全的视觉效果。小轿车的色彩一般多采用单色和应用明线或暗线进行装饰。图 11.5 为数字色彩汽车图。

图 11.5　数字色彩汽车

2）工程机械与拖拉机

　　这一类设备行驶速度较慢，工作场地又较杂乱，安全因素尤为重要。色彩设计时应考虑选用鲜艳类色彩，一般多用橘黄、橘红、朱红、棕黄等色彩，有时也用近感色如黄色。图 11.6 为数字色彩工程机械与拖拉机。

图 11.6　数字色彩工程机械与拖拉机

3）飞机

根据飞机的功能和安全要求来考虑，多采用银灰色或银白色，并配置纯度较高的装饰带，使人感到既平稳又轻巧，犹如银燕一样在空中飞翔。同时，这种银灰色能减少太阳辐射能和紫外线照射的影响，有利于飞机在空中安全飞行。图 11.7 为数字色彩飞机图。

图 11.7　数字色彩飞机图

## 本章小结

本章介绍了数字化色彩的设计方法、数字化色彩在现代产品设计中的应用。

## 思考与练习

举例说明数字色彩在现代产品设计中的应用。

# 参考文献

[ 1 ] 卜林生. 设计色彩教程[M]. 成都：西南交通大学出版社，2017.

[ 2 ] 钟蜀珩. 色彩构成[M]. 北京：中国美术学院出版社，1994.

[ 3 ] 刘宝岳. 色彩构成设计[M]. 北京：中国建筑工业出版社，2005.

[ 4 ] 辛华泉，张柏萌. 色彩构成[M]. 武汉：湖北美术出版社，2002.

[ 5 ] 刘力，肖阳，丁亚娟. 对比色设计应用[M]. 沈阳：辽宁美术出版社，2002.

[ 6 ] 张彪. 色彩构成设计[M]. 合肥：安徽美术出版社，2002.

[ 7 ] 莱斯利·卡巴加. 环球配色惯例[M]. 吴飞飞，译. 上海：上海人民美术出版社，2003.

[ 8 ] 陈重武. 新色彩构成[M]. 天津：天津人民美术出版社，2003.

[ 9 ] 李萧锟. 色彩学讲座[M]. 桂林：广西师范大学出版社，2003.